歴史、食材、調理法、郷土料理まで

フランス料理図鑑

山口杉朗 監修

日本文芸社

フランス料理をめぐる旅へ

レストランの料理はもちろん、ポトフとフランスパンといった家庭料理まで
おいしくて魅力的なフランス料理。私たちを魅了する秘密はなんだろう？

ご先祖さまもおいしいものが大好き!?

フランス人の祖先といえるのが、古代に、現在のフランスにあたる地域に住んでいたガリア人。農耕民族だが、畜産も行い、野生動物よりも飼育した動物の肉、とりわけ豚肉を食べていた。カキをはじめとする貝類や、カタツムリやカエルも好物だったという。シードル（P64）やセルヴォワーズという大麦ビールもたしなんでおり、ガリア料理はバラエティに富んでいたようだ。飼育した動物の肉に加え、チーズも輸出し、海岸沿いではカキや塩漬けの魚も売買されていたそうで、当時の大国ローマ帝国にも、ガリア人の豊かな食文化は知れわたっていた。

古代ローマ人は寝転がりながら食事をしたといわれる一方で、ガリア人はベンチのようなものに着席したり、マットレスのようなものにすわって食事をした。宴会好きとしても知られ、政治や社会の話をする場として活用していたとみられている。歴史家によると、ローマに征服されるまでのガリア人の食文化には、中世の料理およびフランス料理の起源があるという。

ガリア地域がローマに征服されると、調味料やスパイス、さまざまな新しい料理がもたらされた。ブドウ栽培も発展し、ガリア人はワインづくりに夢中になった。それまで育てていた穀物の栽培がおろそかになるほどブドウ栽培は広がり、栽培が制限されるほどだった。ワインはすでに、古代ギリシア時代に伝わっており、アンフォラという陶器のつぼひとつに入ったワインと奴隷ひとりを取引するほど、ガリア人はワインに目がなかったのだ。

おいしいものが大好きで、おしみなく情熱を傾けるフランスの人々の気質は、ご先祖さまに由来するのかもしれない。

郷土料理と家庭料理に美食のルーツあり

ガリア人は、バターを用いて料理し、肉を塩で保存する技術でハムやベーコン、パテ、リエット（P77）などをつくっていた。バラエティーに富んだ料理を食べていたようで、ポトフやカスレ（P107）、ブイヤベース（P71）、コック・オ・ヴァンなど、フランスの伝統的な郷土料理や家庭料理には、ガリア時代からの流れをくんでいるものが多い。

ガリア人は甘いものも大好きで、ミルクとはちみつを加えたお菓子が大好物だった。ガレットやクレープ、フガス（P48）、ピティヴィエ（P115）もガリア時代からある食べものだ。

豊かな食材ばかりか料理やお菓子にいたるまで、フランスには全国のいたるところにおいしいものがあふれている。つねに新しいものだけが注目されるのではなく、伝統野菜（P113）のように再発見・再解釈されて脚光を浴び、定着するという好循環が起こることも多い。地方にも、美食の秘密を探る手がかりがありそうだ。

最高級料理として君臨する現代のフランス料理。美しいひと皿には、人々が築きあげてきた歴史が詰まっている。この本を読めば理解が深まり、フランス料理がもっとおいしく、おもしろくなることだろう。

PART1
美食の国のヒストリー

芸術の域に達したフランス料理の歩みを、書物でひもとくことのできる中世から現代にいたるまでみていこう。今のフランス料理への理解が深まるはずだ

Chouette!
歴史をつくった偉人伝

彼らはなにをなしとげたのか歴史に名を刻む巨匠を紹介

J'ai faim!
もっと知りたい美食図鑑

フランスの美食を支える豊かな食材を、肉、魚、チーズ、アルコール、パン、パティスリーと豊富なラインアップでお届けする

Saviez-vous ?
歴史そぞろ歩き

歴史に秘められたユニークなエピソードをひもとこう

On y va!

フランス美食ツアー！

興味のあるところから読みはじめよう。

Tchin-tchin!
ワインをたのしもう！料理とのマリアージュ

フランス料理のパートナー、ワインのペアリングを提案

Glossaire
フランス料理用語集

この本を旅するなかで知らない言葉にであったらチェック！参照ページがある場合は、そのページを訪ねてみれば、詳しくわかるだろう

un peu plus
ちょっとよりみち

食材を深掘りしたトピックス

Bon appétit!
カフェでひと休みビストロで気軽にランチ＆ディナーをレストランで特別な夜を

さまざまなスタイルでたのしまれているフランス料理。その特徴をレポート

PART2
あちこち食材めぐり

フランスを18の地域にわけ、それぞれの風土や食文化、名産品や名物の郷土料理を味わおう

Le Journal
時事ニュース！フランス料理をかえたできごと

中世から近代までのスクープ

SOMMAIRE

目次

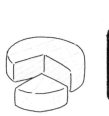

"Bonne cuisine et bon vin, c'est le paradis sur terre."
Henri IV

"おいしい料理とワイン、それこそ地上の楽園だ"
アンリ4世

PART 1
美食の国のヒストリー

フランス料理はどのようにして今の形になったのだろうか。
歴史を知れば、食の世界をリードしつづける魅力がわかるだろう。

フランス料理の幕開け

14世紀、通称「タイユヴァン」と呼ばれるひとりの
グラン・シェフ（偉大なるシェフ）が登場。現在につづく
オート・キュイジーヌ（最高級料理）としてのフランス料理の歴史がはじまった。

タイユヴァンは毒殺も防いだ？

タイユヴァンことギヨーム・ティレルは、百年戦争の群
雄割拠の時代、多くの王侯につかえ、フィリップ6世と
シャルル5世の料理人となり、のちに筆頭料理長にのぼ
りつめた。

パン、ワイン、フルーツ、調理の4部門、総勢150人以
上の料理人を率いたという。当時あたりまえのように起
きていた毒殺を防ぐためにワインを管理したり、宝石が
ちりばめられた貴金属を保管する役目もまかされていた。

14世紀末には、現存するフランス語の最古の料理書
『食物譜』を書き、王侯など特権階級の料理を紹介する
一方で、香辛料とソースの重要性を説いた。この本は
17世紀初頭までずっとベストセラーだった。

「ない！」「ない！」「ない！」づくし

タイユヴァンがあらわれた14世紀は、それまでの時代同様、
食事のマナーはもとより、それぞれのフォークも、皿も、ナプ
キンもなかった。料理も、肉をまるごと焼いただけのような粗
野なものが多く、大皿に豪快に盛られた料理を皿がわりのまる
い厚切りパンに食べる分だけとり、手づかみで食べた。

煮こみ料理にも遠慮なしに手を突っこみ、手が汚れるとテーブ
ルクロスでふいたため、クロスの端は二重に仕立てられ、手前
に長くたらされていた。料理はこぼれにくいようにピュレ状に
なっており、スープはボウルによそわれていたものの、隣どう
しで共有しながら味わったという。

王様も貴族もみんな大食い！

食べることは富の印。特権階級の食事の時間はとてつもなく長かった。食卓はつねに料理でうめつくされ、多いときで4～6回、新たな料理で満たされた。

人々は、料理をすべて食べるのではなく、自分の好きなものだけを食べたよう。合間には、音楽やダンスなどの余興が催された。こうしたぜいたくが徐々に改革され、19世紀まで続くフランス式サーヴィスになっていった。

とにかくジビエが大好き

特権階級の食卓をにぎわせたのは、牛や豚だけではない。キジ、白鳥、クジャク、コウノトリ、サギ、鵜、鶴といったジビエ（P84）が華を添えた。「生まれながらにして貴族も野生動物も自由！　ゆえに野生動物は貴族にふさわしい」という考えから、中世では狩りは特権階級にだけ許され、獲物のジビエは彼らの食材としてあつかわれた。

ジビエはおもにあぶり焼きにされ、香辛料がふんだんに入った酸味の強いソースで食された。キジ、白鳥、クジャクなどは仕上げに羽根をつけなおしたという。

香辛料はたっぷり

特権階級の料理には、香辛料がたくさんつかわれていた。発酵したワインであるヴィネグルや、酸味の強い未熟なブドウ果汁のヴェルジュといった調味料と多用され、ソースのベースにもなった。

タイユヴァンの『食物譜』では「どれを入れてもよい」「たっぷり」という記述が多くみられ、香辛料を大量に使用することに意味があったようだ。

富の象徴！

タイユヴァンが活躍したころ、香辛料は金よりも高価だった。さまざまな食料に加え、香辛料をふんだんにつかい、変化に富んだ料理を食卓に並べることは、特権階級にとって権威を示す手段でもあった。

賞味期限はだいじょうぶ？

中世の肉は解体後、冬は3日以内、夏は1日で販売されるよう義務づけられていた。保存状態はよくなく、香辛料は抗菌と減菌のために必要だったと考えられる。ジビエ本来の強烈な風味をやわらげたり、おおいかくすためにもつかわれたようだ。

香辛料は薬？

香辛料は薬としてヨーロッパにもたらされた。その名残から、消化促進、栄養補給など、医療効果を期待してつかわれていたとも考えられている。

2 エレガントな料理に目覚める!

イタリアで起こったルネサンスとカトリーヌ・ド・メディシスの輿入れによって
フランスとフランス料理は大きな影響を受け
それまでの生活様式を変化させていった。

食材のおいしさが一番!

高価な香辛料は、特権階級のステイタスを誇示するシンボルだった。しかし、ヨーロッパの各国が次々と富を求めて航海にのりだし、香辛料が豊富に入手できるようになると価値は暴落。特権階級の香辛料への興味は薄れた。

料理人たちも、香辛料などエキゾチックなめずらしい食材をつかうことから食材本来の味や香りに目を向けるようになり、調理技術を探求しはじめる。香辛料ならなんでも大量につかうのではなく、組みあわせを考えるようになり、使用量もぐんと減っていった。

料理やお菓子にもルネサンス

イタリアにルネサンスが花開いて以降、フランスは建築や絵画、音楽だけでなく、料理においても影響を受けはじめる。

イタリアでは、すでに食材をいかした繊細な料理や、お菓子が好まれていた。1474年には、ラテン語で書かれてイタリアで刊行された、人文学者プラティナの著書『高雅なる悦楽と健康』が脚光を浴びた。料理や食べもの、健康に関する最先端の話のほか、料理人マルティーノによる最上のイタリア料理の調理法が掲載されていたのだ。1505年には、フランス語版が発売され、フランスでもベストセラーとなった。

おしゃれなカトリーヌがやってきた

フランスの伝統を革新して洗練させた決め手は、1533年に行われた、のちのフランス王アンリ2世とカトリーヌ・ド・メディシス（メディチ）の結婚だ。

カトリーヌは、「ルネサンスの華」と名高いフィレンツェで富と権力をにぎり、支配していた名門メディチ家の娘。「野蛮な国に行くのだから」と、当時14歳のカトリーヌが不自由なく生活できるように、料理人、菓子職人、錬金術師、占星術師、香料師など1000人のおともが一緒にフランスへやってきた。イタリア風の最先端の生活様式は、またたく間に流行した。

カトリーヌ発！ 最新トレンド

マカロンやソルベなどのお菓子

1600年にアンリ4世とマリー・ド・メディシスとの婚礼の際にも、フルーツの砂糖漬け、ゼリー、マジパン、香料入りのパン、ヌガーなど最先端のお菓子をつくるイタリアの菓子職人がやってきている。

**エレガントな
イタリア風メニュー**

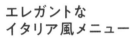

肉を焼いただけのようなメニューが、色鮮やかな野菜やお菓子、やわらかい仔牛肉、肝臓や腎臓といった内臓をつかった料理にとってかわられた。

野菜やフルーツ

新大陸の発見によっていんげん豆やほうれんそう、メロン、とうもろこし、トマト、唐辛子、じゃがいもが、イタリアやスペインを経由してフランスへもちこまれた。

なんとフォークも！

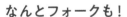

イタリアからはヴェネチアングラスや金銀細工、陶器もやってきた。フォークがもたらされると、ひとりずつ皿をつかうようにもなった。
ちなみに、フォークの使用が日常的になったのは、カトリーヌの息子アンリ3世の時代に襞えりの服装が流行し、手で食べものを口に運びにくくなってから。一般に広まるのは、ルイ14世の即位後30年ほどたったころだった。

おまけのテーブルマナー

フォークの登場により、煮こみ料理やソースに指を突っこむこと、そして食器の共用がタブーになり、食事中に汚れた手は洗うのがルールに。とはいえ広く浸透するまで、さらに60年ほど必要だった。
カトリーヌの功績はもうひとつ。宴会に女性が参加できるようになった。

このころはまだ自分の皿に料理を移したら手で食べてもよかったんだって

タイユヴァンってどんな人？

下働きの少年から筆頭料理長にまで身を起こし
66年間もフランス王家につかえたタイユヴァン。
偉大なるシェフについて、もう少しみてみよう。

調理方法は4つ

タイユヴァンの時代のレシピでは、ロティ（焼く）、
ポシェ（ゆでる）、フリール（揚げる）、ブレゼ（蒸
し煮にする）の4つの調理法から料理がつくら
れていた。

しかし、タイユヴァンは、ロティする前に、
肉をブランシール（下ゆで）しており、18
世紀末までつづく慣例となった。衛生的なう
え、肉のくさみを消し、ロティしても肉
が乾きすぎず、よりやわらかく仕
上げる工夫だったとみられている。

マスタード誕生

中世では、レモンやオレンジ、未熟な
ブドウの果汁といった酸味のある液体
に、香辛料をふんだんにあわせたソー
スが主流だった。

マスタードはまさにそのひとつで、現
在まで存在する貴重なソースといえる。

> タイユヴァンはおもに
> しょうが、シナモン、
> ながこしょう、サフラン、
> メース、ナツメグを
> つかってたんだって

**タイユヴァン
（ギヨーム・ティレル）
1310-1395**

実は錬金術師だった!?

錬金術とは、すべてのものを精錬して金に
かえようとする化学技術をいうが、呪術的
な意味もある。タイユヴァンはグラン・シェ
フであるとともに、この錬金術をあやつる
錬金術師だったともいわれている。

墓に刻まれた紋章が、3つの大鍋の上下を
それぞれ3つのバラが囲むようにデザイン
されていることや、著書にある綴りのまち
がいが、錬金術師によくみられることから、
この説は信憑性が高いようだ。

タイユヴァンが考えた、ある日のメニュー

第1のサーヴィス
去勢鶏のブルエ　シナモン風味
雌鶏の香草風味
新キャベツと狩猟肉

第2のサーヴィス
上等のロ
クジャクのセロリ添え
去勢鶏のパテ
ウサギのバラ香酢風味と
　　去勢鶏のムチシャン

第3のサーヴィス
ヤマウズラのトリモレット
ハトの蒸し焼き
狩猟肉のパテ
ゼリーと肉のレーシュ

第4のサーヴィス
焼き菓子
クレーム・フリット
洋なしのパテ
アーモンドの砂糖がけ
くるみと洋なし

危険物のもちこみはご遠慮ください

中世のナイフは幅広の短刀や短剣。食事につかう前に騎士たちの武器だった。そのため、宴会にはナイフのもちこみが禁止されていた。

料理は家の主人が切りわけるのがならいで、高貴な客人を招いた場合、その役目をゆずることもあった。すご腕の騎士であることをみせつける絶好のパフォーマンスでもあったことから、客人にとってこの作業を任されることは栄誉だった。

食べたものをださない
たんをはかない
ゲップしない
クロスで鼻をかまない…
準備できた！

マナー
あらわる!!

1530年、ヨーロッパを股にかけて活躍する人文学者エラスムスが『幼児の精神的礼法』を発表し、はじめて「礼儀」という言葉をつかい、社会でのマナーについて世界的な規範をつくった。身分の違いを識別することを目的とし、階級を区別するためのものでもあった。

エラスムスは、自分の皿にとった料理を他人にすすめることを下品と語るなど、この本の登場によってテーブルマナーが重視されることになった。

3 あこがれのグランド・キュイジーヌ

ヨーロッパ各国に影響を与える大国の宮廷文化が芽生えたルイ13世の時代から
大輪の花を咲かせたルイ14世の時代にかけて、フランス料理は
グランド・キュイジーヌ（偉大なる料理）として成長し、あこがれの的となった。

暮らしはアート

カトリーヌ・ド・メディシスの時代から約70年後、ルイ13世の時代にようやくマナーが上流階級に浸透。客のもてなしかたや席次、スプーンとフォークのつかいかた、テーブルマナーなどが確立する。アール・ド・ヴィーヴル（暮らしの芸術）といい、生活全般を工夫するようになった。

王様、厨房に入る

食べることが富と権力を示したため、大食いの王や王妃は多い。ルイ13世も大食漢で知られているが、料理好きでもあった。厨房に出向いては、オムレツなどお気に入りの料理をつくって食べたという。

食事は最大の儀式

父ルイ13世亡きあと、王となったルイ14世。絶対王政を確立し、「太陽王」と呼ばれ、豪華絢爛なヴェルサイユ宮殿を建造したことでも知られている。宮殿には菜園があり、ヨーロッパ諸国や新大陸、中国から野菜やハーブ、フルーツをとりよせて植えていたという。アスパラガス、かぼちゃ、きゅうり、イチジク、メロン、プラム、いちご、さくらんぼ、りんごなど、王の好物をはじめとするさまざまな作物が収穫されていた。

テーブルマナーや、美しい食卓をつくりあげるテーブルアートを洗練させ、細かな部分までルール化してもいる。食器やカトラリー、テーブルクロスだけでなく、アイテムすべてについてサイズや色を決めた。

完璧に飾りたてられた部屋で王が食事をする様子は、亡くなる直前まで毎週日曜日に一般公開された。王にとって食事は、威厳があって華やかなヴェルサイユ宮殿を舞台に、豊かさと権威をみせつける儀式のひとつだったのだ。

グランド・キュイジーヌの誕生

ルイ14世の時代、宮廷料理は、イタリア料理のよさをいかしながら独自のスタイルを確立していく。威風堂々、豪華絢爛のヴェルサイユ宮殿の生活様式とあいまって、お手本として国内はもとより諸国へ広まっていった。

特権階級の料理への関心は高まり、フランソワ・ピエール・ラ・ヴァレンヌの『フランスの料理人』など、王侯貴族おかかえ料理人の本が次々と登場。17世紀後半から18世紀にかけて230冊以上が刊行された。料理人どうしの激しい論争も起き、料理の基本原理が整いはじめ、フランス料理は、グランド・キュイジーヌの第一歩を踏みだした。

グランド・キュイジーヌって？

料理人の腕が大事

香辛料の使用がさらに減り、食材の目新しさや豪華さではなく、料理人の知識と技術、調理法が重視され、食材のもち味がいかされるように。
野菜のつかいかたにも注目が集まった。

ソースが進化

ラグー（煮こみ）によってうまみを引きだすようになり、中世からつづく酸味と香辛料だけのソースに新しい意味が加わる。煮汁に香辛料や香味食材で風味づけしたあと、とろみをつけたり、煮詰めたりして濃度をつけたものを指すようになったのだ。
単に「煮詰める」という方法も新しかったが、とろみづけにはそれまでのパンに加え、ルー（小麦粉）を用いるようになった。

ジュとクーリが生まれた

ジュは、焼いた肉の汁をデグラッセ（P64）したもの。クーリは、肉と骨、香味食材を煮たあと、つなぎにパンを加え、布でこしたもの。このふたつは現在のフォン（だし汁）に通じてもいる。

昔も今も
おいしい料理は
おいしい食材
あってこそなんだ

ムースが流行

なめらかな口あたりのムースが生みだされると、かまずとも食べられる上品な食べものとして大人気に。

人名が料理名に？

以前は、タイユヴァンの本『食物譜』（P8）にみられるように「ハトの蒸し焼き」「狩猟肉のパテ」など、料理がどんなものか想像できる名前だったが、「ソース・ベシャメル」など、師や有名人に敬意をあらわし、彼らの名前をつけるようになる。
ちなみにベシャメルは、ルイ14世の秘書官ベシャメル侯爵に由来する。

洗練されたサーヴィス

料理だけでなく、サーヴィスにも磨きがかかり、より洗練され、こったものになった。
サーヴィスは3段階にわかれ、料理は大皿だけではなく、臨席者それぞれに個別の皿でふるまわれるように。
料理もテーブルセッティングも、五感をたのしませるものでなくてはならず、テーブルの装飾は高みをきわめた。

ブルジョワだって
おいしいものが食べたい！

曾祖父ルイ14世のあとに即位したルイ15世の時代、フランス料理は頂点をきわめる。
台頭してきた中産階級のブルジョワたちも貴族をまねはじめ
フランス料理は新たな局面を迎える。

王様は政治より料理がお好き

ルイ15世は、政治そっちのけで料理に夢中だった。おまけに、狩猟の獲物を料理したり、女性を讃えるのがまれな時代に、公妾デュ・バリー夫人のおかかえの女性料理人の腕前を評して最高勲章のひとつコルドン・ブルーを授けてもいる。摂政のオルレアン公フィリップ2世も、政治より料理をつくる能力にたけているというありさまで、貴族たちもこぞって、王や摂政のご機嫌をとるべく料理に熱中した。

こうした背景もあり、料理は社交にかかせないものとなり、フランス料理はさらなる高みに達する。サーヴィスは洗練され、テーブルアートもより華やかに。料理名に貴族や地域、有名人の名前をつけることも増えた。料理書も多数刊行され、ごちそうを生みだす料理長や料理人は地位も名誉も手に入れることができた。

ブルジョワだって興味津々

政治がヴェルサイユ宮殿に集中し、貴族たちの関心が宮廷に向かっているすきに、富と権力を蓄えたブルジョワたちは、ありとあらゆることで貴族をまねるように。当然、料理にだって関心を示した。

17世紀に刊行された料理人マシアロの著書『王室とブルジョワ家庭の料理人』には、ブルジョワと貴族の宴会が同じレベルにあり、シンプルなひと品でも宮廷の洗練された料理と互角の味だと書かれている。

ただし、倹約家のブルジョワたちの日常は質素。料理人ムノン（P42）の本『ブルジョワ家庭の女料理人』には、散財するブルジョワに向けたいましめと、出費をさけてつくりかたを簡略化した料理法が掲載されている。

農民と庶民は特別な日だけ

農民と庶民はというと、春の謝肉祭カーニバルのとき にだけ思いっきり料理を食べたり、お酒を飲んだりで きた。3日から7日ほどつづくカーニバルのあいだ、 飲めや歌えのどんちゃんさわぎが繰り広げられた。

フランドルの画家ブリューゲル（父）は、《謝肉祭と四旬節の喧嘩》（部分、 1559年、ウィーン美術史美術館）に謝肉祭の様子を描いている。

じゃがいもなんておいしくない？

現代のフランス人はじゃがいもが大好き！ じゃがいもの種類はもちろん、料理 もたくさんある。しかし、農学者アントワーヌ＝オーギュスト・パルマンティエ がいなかったら、どうなっていただろう？

1535年ごろスペインに伝わったじゃがいもは、ヨーロッパ各国に広まるも、驚 くことにフランスではルイ14世の治世になっても受け入れられていなかった。 飢饉が慢性化し、主食の穀物が大打撃を受けていたにもかかわらずだ。

あらゆる手をつくしても、じゃがいものよさをわかってもらえないパルマンティ エは奇策にでる。当時の王、ルイ16世から土地をもらい、じゃがいもを植え、 高価な作物であるとばかりに見張りをつけたのだ。すると、ねらいどおり、夜に 盗みにくるやからがあらわれ、じゃがいもが普及するきっかけとなった。王も、 宴会にじゃがいもの花を飾ったり、じゃがいも料理を加えたりしてあと押しした。 王の食事をまねする者たちによって、じゃがいもは広まっていった。

お気づきだろうか？ 牛ひき肉をマッシュポテトでおおったグラタン、「アッシ・ パルマンティエ」（P108）は、パルマンティエにちなんで名づけられている。ま たパリにでかけた際は、ぜひメトロの3番線にのって「パルマンティエ」駅で下 車してほしい。じゃがいもの歴史年表がある！

5 ようこそレストランへ

政治を根底からひっくり返した1789年のフランス革命は
フランス料理においても大きな変化をもたらす。
宮廷や貴族ら特権階級の料理人たちが居場所を失いレストランを開業したのだ。

レストランの先がけ、カフェ

中世よりオーベルジュ（宿）やタヴェルヌ（居酒屋）では、旅行者を相手に食べものを提供してはいたが、さまざまな調理法でつくられた料理をだしてはいなかった。

レストランの先がけは、ルイ14世とルイ15世の時代に次々と登場し、流行したカフェだ。パリでもっとも古いといわれているカフェは、1686年のオープンから今にいたるまで人々に親しまれているカフェ・プロコプ。現在のような軽食はなかったが、コーヒーや紅茶、チョコレートドリンクのほか、フルーツの砂糖漬けやソルベ、お菓子といったスイーツが味わえた。

公の場にでかけることがよしとされていなかった女性も、来店が認められていたことから、人々の情報源やうわさの発信源ともなって大繁盛！18世紀中ごろには300軒、18世紀末には2000軒をこえたという。

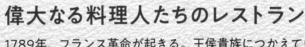

RESTAURANT
Le Procope
fondé en 1686

偉大なる料理人たちのレストラン

1789年、フランス革命が起きる。王侯貴族につかえていた料理人に残された道は3つだった。主人と国外へ亡命するか、台頭したブルジョワに雇われるか、みずから店を開くか。海外へ逃れた料理人は、他国の貴族社会にグランド・キュイジーヌを伝え、国にとどまった料理人たちはブルジョワから庶民までさまざまな階級の人々の胃袋を満たすことになった。

本格的なレストランとして名高いのは、フランス革命から3年後にあらわれたグランド・タヴェルヌ・ド・ロンドル。オーナーシェフはアントワーヌ・ボーヴィリエ。のちの復古王政の時代に王となる、ルイ18世がプロヴァンス伯爵だったころにつかえていたといわれ、ガストロノミー（P38）の権威ブリア＝サヴァラン（P39）は腕前を大絶賛している。ほかにも、コンデ公の元料理長ロベール、その下ではたらいていたメオなど、偉大なる料理人の店が次々とオープンし、きらびやかな装飾をほどこした店内でもてなす、豪華な最高級料理で名をはせた。

ギルド、やめます

ギルドとは同業組合のこと。高い結束力と、細やかに決められた規則で、利益を独占することに目を光らせていた。商売の競争も禁止していたほどだ。

たとえば、トレトゥール（惣菜屋）は、さまざまな肉を煮こんで（ラグー）ソースと売ることができるが、ロティスール（ロースト専門の肉屋）はラグーができず、焼き（ロティ）のみOK。ロティスールがラグーで商売しようものなら、すぐにトレトゥールとの争いになった。

やっかいなギルドは、ルイ16世の財務総監アンヌ＝ロベール＝ジャック・テュルゴの社会全体の利益を犠牲にしているという考えから廃止が決定。フランス革命前に、客に料理を自由に提供できる基盤が整ったことも、レストランが一気に増えた理由のひとつだった。

料理の名前にも革命を！

高級料理の特徴のひとつが、料理名に人名や地名などがつけられていること。革命後には、台頭したブルジョワや、帝政や共和政の政治家たちの名前が多くの料理名になった。本人にとっては、世に名前が知れ渡り、みずからの身分にも箔がつく栄誉だった。

フランス国内外の地名も数多くつけられているが、その名の示す国や地域の伝統にもとづく調理法や食材がつかわれていることは少ない。大国フランスのまわりには世界中の国々が集うという、革命後のフランス社会が抱いた夢と野望を反映していたようだ。

こんな名づけかたはいかが？

料理人の名前をつける

「ひらめのフィレ デュグレレ風」のデュグレレなど、調理法を生みだした本人の名前をつけたり、弟子が師に敬意を表して名前を拝借したり。デュグレレは料理界の巨匠カレーム（P26）の弟子で、独立後、次々と有名料理を生みだした。デュグレレとは、みじん切りの玉ねぎ、エシャロット（P105）、トマトなどに白ワインを加えて煮た白身魚料理。煮汁にバターを加えたソースをかけるが、このソースを指すこともある。

芸術家や文人、貴族の名前をつける

「牛ヒレ肉のロッシーニ風」のように、イタリアの音楽家ロッシーニなど、芸術家や文人、貴族と料理の逸話をもとに名づけるケースもある。多くが料理を彼らの華々しい世界や経歴にリンクさせ、高級料理にふさわしいイメージをつけたいという思惑からだ。
ちなみにロッシーニ風とは、フォワグラ（P100）とトリュフ（P101）をつかい、ドゥミグラスソースをかけた料理。

ラ・ヴァレンヌが ふたり？

17世紀、「ラ・ヴァレンヌ」と呼ばれるふたりの有名料理人がいた。ひとりは、本格的なフランス料理書の元祖と名高い『フランスの料理人』を書いたフランソワ・ピエール・ラ・ヴァレンヌ。この本は、タイユヴァンの本以降、久々にあらわれた傑作で、18世紀前半まで70年もベストセラーになり、イタリア語にも翻訳された。ちなみに、料理に自分の名前をはじめてつけた人物でもある。

そしてもうひとりが、アンリ4世に仕えたギヨーム・フーケ・ラ・ヴァレンヌ。宿駅の管理官など、料理以外の仕事もまかされ、多方面で活躍したという。

料理本が 大ベストセラー！

17〜18世紀、素性不明の謎めいた料理人L.S.Rの『巧みに饗応する術』、マシアロの『王室とブルジョワ家庭の料理人』（P16）など、すぐれた料理本が多数刊行され、料理とサーヴィスの発展に大きく貢献した。

このころ、本の題名に「ブルジョワ」とつけられるようになり、ブルジョワたちが食生活を含め、貴族の生活様式全般をまねはじめたことがうかがえる。

貴族はというと、自分たちの生活を差別化するべく、新しいスタイルを追求するのに必死になったという。

続々重版！

レストランを開いてみたけれど

レストランがはじめてあらわれたのは、ルイ15世の時代の1765年のこと。オーナーシェフは、シャン・ドワゾーとも呼ばれたブーランジェなる人物。「空腹なるものよ、みなここへきなさい。私が癒やしてあげよう」と店の

扉には書かれていたそうだが、ブイヨンを売っているだけでたいした料理がなかったため、奇妙な店と思われていたとか。

ちなみに、レストランという言葉には「体を癒やす」という意味がある。

マシアロが考えた、ある日のメニュー

第1のサーヴィス
ポタージュとアントレ
　ポタージュ
　ハトのビスク
　去勢鶏 根菜添え
　ヤマウズラの温製パテ
　トリュフ（P101）詰め肥育鶏 フリカンドー添え
主たるアントレ
　ロ・ドゥ・ビフ 肉汁をかけたヴォー・マリネ・フリ
　ココット添え

文学カフェが大ブーム

カフェ・プロコプは、近くに劇場があり、俳優や作家、ブルジョワの観劇客で賑わい、ヴォルテールやモンテスキュー、ルソーなどの文人たちも多数訪れていた。芸術から政治まで議論が交わされ、革命思想もこのカフェで芽生えたといわれている。

以後、カフェ・プロコプのあるパリの左岸には、文学や政治を熱く語る客が集う「文学カフェ」と呼ばれるカフェがあちこちに登場するようになった。

さすらいのシェフ

17世紀から18世紀の料理人は、大きな宴や、貴族が地方の領地へ行くまでのあいだの臨時雇いが多かった。歴史に名を残すマシアロもそのひとり。

料理人が各地を転々とすることで、フランス全土に洗練された料理が広まったとも考えられている。

オードヴル
ハトのププトン
ウズラのブレゼ
若鶏の詰めもの きのこのクーリ
ヤマウズラ ソース・エスパニョール
フリカンドーの詰めもの
リ・ド・ヴォー(P69)
詰めものをしたレタス シモンヌ夫人風
リ・ド・ヴォーの串焼き 上等なラグー添え
詰めものなしのフリカンドー
仔牛のパン

第2のサーヴィス
ロ
家禽、ジビエ(P84)、仔イノシシ、乳のみ豚など
さまざまな肉
小サラダ
アントルメ
ハムの大パテ
鶏と羊の大パテ
ブラン・マンジェ
塩漬け肉
仔牛の耳の詰めもの
ガランティーヌ
アスパラガス

オードヴル
サラダなど22皿
ミヌ=ドロワ
豚足 サント=ムヌウ風
衣をつけてグリエしたアトレット
アーティチョーク(P104) ハムのソース
ハムのパン
モリーユ茸(P101)の詰めものときのこのラグー
とさかの詰めものとフォワグラ(P100)のラグー
去勢鶏の胸肉のトゥルト

カフェでひと休み

フランスでカフェといえば、喫茶店というよりブラッスリー（P37）に近いイメージ。朝早くから夜遅くまでノンストップで営業し生活の中心にある、なくてはならない存在だ。

テラスまでテーブルとイスがところせましと並び、朝から人でいっぱい。自宅のように気楽にくつろげ、ゆったりとした雰囲気。

ただし、伝統と歴史のあるカフェでは、店内のテーブルに白いテーブルクロスがビシッとかけられており、レストランさながらだ。

ドレスコードはない。仕事前や休憩中のスーツ姿の客もいるが、いたってカジュアル。接客を担当するスタッフの多くも普段着。

カウンターでコーヒを立ち飲みする客、テラスで紅茶やビールを飲む客というように、ドリンクが主流。

クロック・ムッシュやタルティーヌ、ニース風サラダ、オニオングラタンといった軽食から、エスカルゴ（P58）や牛肉のタルタルやステーキといったフランス家庭料理の定番までたのしめる店もある。

伝統のある有名なカフェやテラスのあるカフェでは、蝶ネクタイに真っ白なエプロンを腰に巻いたギャルソンが接客を担当することも。

紅茶を味わうならサロン・ド・テ

フランスで紅茶をたのしみたいなら、迷わずサロン・ド・テへ！

コーヒーは、どこのカフェでもたいていおいしいが、紅茶に関してはごくごく一部を除き、ほぼ期待できない。おいしい紅茶を味わいたいなら、サロン・ド・テにかぎる。紅茶にぴったりのおいしいお菓子があるのもうれしい。

サロン・ド・テを併設しているパティスリーも多く、インテリアもマリー＝アントワネットの時代をイメージさせるものだったり、アフタヌーンティーの本場イギリス風だったりと、カフェとは違う雰囲気を味わえる。なかには、サンドイッチのほか、サーモンのポワレやフォワグラ（P100）のミ・キュイ、鶏もも肉のポシェなどランチをたのしめる店もある。

黄金期の到来

19世紀に入り、フランス料理に 高級料理としてより磨きがかかり
世界に共通する美食モデルが確立。
世界中の特権階級からブルジョワ、庶民までをとりこにした。

ロシア式サーヴィスの登場

一度にすべての料理を並べたり、大皿に豪華に盛られた料理をとりわけるフランス式サーヴィスに対し、ロシア式サーヴィスでは、ひとりにひと皿ずつ料理がだされる。

フランス革命を勝利した政治家や軍人、ブルジョワたちが、かつて富をひけらかしながら食事をした貴族の二の舞をおそれたことや、店側が少人数のオーダーに対応しやすいことから、急速に広まった。

しかし時が流れ、彼らも豪華な食事をたのしむようになった。下火になっていたフランス式サーヴィスも盛り返し、両者のよいとこどりのようなスタイルで洗練されていった。

お品書きが初お目見え

ロシア式サーヴィスで、ひと皿ずつ料理がだされるようになると、メニューの一覧がつくられるように。レシピも、人数にあわせて仕こみの量を増減できるように工夫された。

「味覚の美学」を大事に

料理は、一番おいしいタイミングでだされるように。フランス式サーヴィスでは、料理をとりわける必要があることから、おいしいときに食べることができなかった。

魚料理が独立

フランス式サーヴィスでは、肉と魚がひとつの
メイン食材として調理されていたが、肉料理と
魚料理にわけられるようになった。

料理の構成とテーブルマナーの新常識

フランス式サーヴィスでは、テーブルアートを第一に考え、
重い料理から軽い料理へと進んでいく構成だった。ロシア
式サーヴィスでは、料理の見た目より味が優先され、さら
には料理を食べて消化される時間も考慮された。
ただし、ワインだけは、ロシア式サーヴィスでも軽いもの
からコクのあるものへ進むフランス式が守られた。
メインの客に最初に料理がだされるのは今と同じだが、最
後に料理がだされた人には、次の料理が最初にだされた。

メートル・ドテルが
大活躍！

メートル・ドテルとは、料理の給仕
長で、サーヴィスを仕切る責任者。
高いコミュニケーション能力と芸術
的な手腕で、客のリクエストを瞬時
に理解してかなえるすご腕。
ロシア式サーヴィスは、フランス式
よりシンプルな印象を受けるため、
料理を華やかに演出すべく、料理に
アルコールをかけて火をつけ、アル
コールを飛ばしながら香りづけをす
るフランバージュや、目の前で肉を
切りわけるトランシャージュなどの
テクニックで客をたのしませた。
ブルジョワに貴族のマナーをアドバ
イスすることもあった。

フランス料理が芸術の域へ

アントナン・カレームは、とくにフランス式サーヴィスの
フランス料理において手腕を発揮。視覚に強烈に訴える
華麗で壮大な料理をつくりあげ、料理を芸術へと高めた。

料理は科学だ！

カレームの時代、実験科学が発展。カレームは、合理的な基礎にもとづいて料理をつくり、著書『食物および料理論』にまとめる一方で、オスマゾームの研究にも励んだ。

オスマゾームとは、現代のペプトンにあたる物質。タンパク質が熱や酸などによって分解されてできる、タンパク質とアミノ酸の中間にあるような物質だ。

カレームは、このオスマゾームが肉の味わいの根源にあり、肉をゆでるときにあらわれると考え、料理をよりおいしく進化させるべく、研究に没頭した。

料理界のナポレオン？

19世紀を代表する料理人がカレーム。肉と魚の料理を明確にわけたり、それぞれの料理に適したガルニチュールをあわせたり、ソースやポタージュのバリエーションを広げるなど、フランス料理の発展に大きく貢献した。

宴会料理においては、才能をフルに活用！豪華絢爛な装飾で魅了するフランス料理をつくりあげた。

> アントナン・
> カレーム
> 1783-1833

カレームは科学者？

美食が発達して複雑さを増すにともない、料理法も多様化し、さまざまな料理やソース、ガルニチュール、調理法に名前がつけられ、料理は理論的に整理されていく。

ブレゼはカレームによってはじめて科学的に理論づけられた料理法だ。リソレ（表面を強火で焼きかためること）したあと、香味材料を加えてコクのあるソースで煮こむことをいう。

はたまた建築家？

カレームは料理やお菓子に建築学の要素を加えた。盛りつけた料理に、さらに飾り切りした野菜や鶏のとさか、トリュフ（P101）、エクルヴィス（P66）などを飾り、装飾性を高めた。料理は質素にして、飾りを突き刺すなど装飾を豪華にすることもあったという。

カレームが目指したのは、つねに豪華な料理だった。フランス式サーヴィスにおいて料理の品数が減ると、みばえのよさを求めてガルニチュールを増やし、いっそう豪華にみえる工夫をしたという。

トップシェフへまっしぐら！ カレームの人生すごろく

居酒屋からキャリアをスタート

貧しい大家族の家に生まれ、10歳のときに父に捨てられたカレーム。拾われた居酒屋で働きはじめ、料理の道へ。

シルヴァン・バイイに弟子入り

15歳になると、本格的に修業すべく、有名パティシエであり、仕だし料理で有名なバイイの弟子になる。仕事の合間に、建築学をメインに学芸全般と彫刻を学んで仕事にいかし、店で一番のピエス・モンテ（工芸菓子）のスペシャリストに成長。

フリーランスで活躍

技術を身につけてツテができると、17歳で独立。以後、11年のあいだに、料理界のスターシェフたちと仕事をし、頭角をあらわす。政治家シャルル＝モーリス・ド・タレーラン＝ペリゴールに同行してウィーン会議で腕をふるい、ヨーロッパ中に名をとどろかせた。

ツァーリの料理長に就任

32歳から36歳まで、ロシア皇帝アレクサンドルやイギリス皇太子につかえた。

経験を本に残す

フランスに帰国後は、フランス料理の発展に大きな影響を与える本を次々と発表。死後に出版された『19世紀フランス料理技術』を含め、『王室菓子職人』『絵入り菓子職人』『フランスのメートル・ドテル』『パリの料理人』など名著がずらり。

7 近代フランス料理への道

産業革命後、近代化が進み、鉄道と自動車が登場すると
上流階級のレジャーに観光旅行が加わる。
次々と建設される豪華ホテルにフランス料理はぴったりだった。

豪華ホテルといえばフランス料理

19世紀のおわり、観光旅行が流行しはじめると、豪華ホテルが各地につくられた。フランスの宮廷を思わせる施設には、フランス流のサーヴィスがよいと考えられ、フランスの生活様式が世界基準となる。

ホテルにもうけられたレストランでも、料理人、メートル・ドテル（P25）、支配人のすべてを、フランス人かフランスで教育を受けた者がつとめ、フランス革命後に生まれたフランス流のテーブルマナーと料理がヨーロッパ中に広まった。

ベル・エポックは、よき時代

この時代のパリは、「ベル・エポック」（よき時代）と呼ばれる。芸術と文化が花開き、レストランは美食に目のないお金もちでにぎわった。すぐれた料理人は、フランス国内のみならず海外からも声がかかり、あらゆる食材をぜいたくにつかい、腕をふるった。

歴史的名著の料理辞典『ラルース・ガストロノミック』を編さんしたプロスペル・モンタニェ、近代料理書の最高傑作『美食家たちの七日間物語』を書いたエドゥアール・ニニョンなど、フランス料理の改革に力をつくし、歴史に名を刻む料理人も続々とあらわれた。

料理人の王様があらわれた!

ホテル王セザール・リッツと組んで、ロンドンのサヴォイホテル、カールトンホテルなどで大活躍したオーギュスト・エスコフィエ。天性のカリスマ性を発揮し、カレームなどの先人たちがつちかってきた調理科学をまとめあげた。新しい社会の忙しい生活にあった料理を提唱して近代フランス料理のいしずえも築いた。

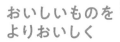

効率第一主義

料理の下準備を行うガルド＝マンジェ、野菜料理とあたたかい料理とデザートを担当するアントルメティエ、肉のローストやソテーなどを行うロティスール、ソースをつくるソーシエ、デザートを担当するパティシエの5部門にわけ、分担して料理をつくりあげるシステムを築いた。

料理をあたたかく保つために窓をつくらないなど、劣悪だった環境も改善している。

オーギュスト・エスコフィエ
1846-1935

おいしいものをよりおいしく

食材の風味と料理を大切に考えたエスコフィエ。重い料理やもったいぶった盛りつけなどを廃止し、徹底的にシンプルで洗練されたおいしい料理を目指した。

フランス料理がより親しみやすいものとなり、一般にも広まるように、著書『料理の手引き』をリーズナブルな値段で発売してもいる。

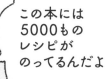

この本には5000ものレシピがのってるんだよ

料理人の地位をアップ!

エスコフィエは、料理人の仕事を社会に理解してもらい、料理人の社会的地位が向上するよう奔走。生活が成り立たない貧しい料理人を助けるべく、互助会をつくるなど力をつくした。

29

料理人初！レジオン・ドヌールへの エスコフィエの人生すごろく

レストラン・フランセの見習いに

彫刻家を目指していたが、13歳で料理の修業をはじめる。

パリでキャリアアップ

19歳のときにパリにでて、人気のプティ・ムーラン・ルージュでコミ（調理師）として働きだす。万国博覧会の行われた21歳のときに、レストランのガルド＝マンジェのトップになる。

まさに運命！

24歳で軍に召集されたのち、プティ・ムーラン・ルージュに戻り、以後、有名トレトゥール（パーティー料理専門店）のシュヴェ、名店レストラン・メールと渡り歩く。38歳のとき、ホテル王リッツに抜てきされ、モンテカルロのグラン・トテルに移る。

絶対王者に

44歳のとき、リッツとサヴォイホテルの再建に着手。成功すると、ローマのグランド・ホテルの開業準備をはじめる。53歳のときには、パリのリッツホテルをオープン。ロンドンのカールトンホテルもオープンさせ、23年にわたり君臨。ホテルの料理長として絶対的な地位を築いた。

シェフでカイザー

海外のホテルで活躍し、世界の名だたるVIPをもてなして賞賛されてきたが、66歳のとき、ドイツの皇帝ヴィルヘルム2世の客船イムペラートル号で料理をふるまい、皇帝から「料理人の皇帝」という称号を授けられた。

受勲の栄誉

74歳のときにはフランスのために貢献した人物をたたえる最高位のレジオン・ドヌール勲章の第5階級シュバリエを、82歳のときには同勲章の第4階級オフィシエを受章。

クッキングツールもおてのもの

多くの料理を誕生させたエスコフィエだが、料理を効率化させるべく、オリーブの種ぬき器やマッシュポテト製造機など、クッキングツールも生みだしている。料理の効率化にも尽力したエスコフィエならではだ。

華麗なるレシピを

✧ 家庭で再現しやすいエスコフィエの

洋なしのベル・エレーヌ

ジャック・オッフェンバックのオペラ『美しきエレーヌ』にちなんでつくられた。

材料 6人分

洋なし	6個
ダークチョコレート	200g
牛乳	200ml
水	1l
砂糖	100g
レモン果汁	1個分
バニラアイスクリーム	適量

つくりかた

1 鍋に水、砂糖、レモン果汁を入れ、沸とうさせる。

2 皮をむいた洋なしをまるごと加えて煮て、鍋に入れたまま冷ます。

3 ダークチョコレートを湯せんでとかして火からおろし、牛乳を加えて混ぜあわせる。

4 器に2の洋なしとバニラアイスクリームを盛り、洋なしに3をかける。

ちょっと味見 ✧

デザートのレシピを紹介しよう。

エスコフィエの
クレープ・シュゼット

クレープ・シュゼットは熱いオレンジ風味のカラメルソースをかけたクレープ。

材料 4人分

クレープ生地

薄力粉	130g
牛乳	350ml
全卵	2個
卵黄	1個分
バター（ドゥミ・セル）	30g
バニラシュガー	7.5g
塩	ひとつまみ

クレーム

上白糖	30g
バター	30g
オレンジ	1個
レモン	1個
グラン・マルニエ	50ml

つくりかた

1 クレープ生地をつくる

❶ 鍋に牛乳をあたため、バターを入れてとかす。

❷ ボウルにふるった薄力粉、塩、バニラシュガー、全卵、卵黄を入れて混ぜる。

❸ ❷に少しずつ❶を入れて混ぜ、30分置いておく。

2 クレームをつくる

❶ バターをやわらかくする。オレンジとレモンの皮をすりおろす（飾り用にそれぞれの皮を少しとっておく）。オレンジ1個とレモン1/2個分の果汁をしぼる。

❷ ボウルに上白糖と❶のバターを入れて混ぜる。

❸ ❷に グラン・マルニエと❶のオレンジとレモンの皮を加えて混ぜあわせる。

❹ フライパンに❸を入れ、バターがとけたら、❶のオレンジとレモンの果汁を加えて煮つめる。

3 クレープをつくる

❶ フライパンで1のクレープ生地を焼く。

❷ 2を加えてからめる。

❸ クレープを折りたたんで器に盛りつけ、とっておいたオレンジとレモンの皮を添える。

ドゥミ・セルのバターは0.5〜3%の有塩バター、バニラシュガーはバニラの香りづけがされた砂糖だよ

美食の国のヒストリー 8

ヌーヴェル・キュイジーヌと キュイジーヌ・モデルヌ

エスコフィエがこの世を去り、第二次世界大戦がおわると
フランス料理はふたたび世界にその名を知らしめることになった。
新しいムーブメントを巻き起こすシェフが次々と登場したのだ。

エスコフィエの後継者 フェルナン・ポワン

ポワンはエスコフィエの直系の弟子ではないが、ポスト・エスコフィエの第一人者といえる。エスコフィエらが推し進めた「料理の簡素化」を引き継ぎながら自由な発想を加え、のちにポワンの弟子たちが巻き起こす「ヌーヴェル・キュイジーヌ」(新しい料理)の土壌をつくった。

ポワンは、食材は当日に手に入れた新鮮なものが最良であり、調理法は食材のもち味を引きだすためにあまり手を加えないのがベストだと考えた。

ポワンの生みだす美食は、インテリアや食器、カトラリーにもおよび、オーナーシェフをつとめた店ラ・ピラミッドは、パリではなくフランス第二の都市リヨンの南、ヴィエンヌにあったにもかかわらず、世界中から美食家たちが押しよせた。

多くの料理人を育てたことでも知られ、ある時期、ミシュランガイドの三つ星レストランの3分の1ほどが、ポワンに教えを受けた料理人の店だったことがある。

ヌーヴェル・ キュイジーヌの大旋風

1968年の五月革命※やアメリカからやってきたダイエットブームなど、目まぐるしく価値観が変化する時代に、従来のフランス料理はあわなくなっていく。こってりとしたソースの、こんもり盛られた料理を長時間かけて食べるのは、もはやナンセンスだった。

軽やかな料理を目指して立ちあがったのが、ポワンの弟子、ポール・ボキューズやトロワグロ兄弟らだ。スローガン「世界の料理をフランス料理へ」を掲げ、食材の重要性をみなおし、「無用な複雑さを排除する」「調理時間を短縮する」「濃厚で重いソースをさける」「栄養面からも料理を考える」をテーマに改革に挑んだ。

評論家のアンリ・ゴーとクリスチャン・ミヨーが、「ヌーヴェル・キュイジーヌ」と呼んだ料理改革運動は、パリを中心に活躍するシェフたちからあっというまにフランス全土へ広がっていった。

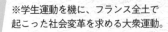

※学生運動を機に、フランス全土で起こった社会変革を求める大衆運動。

リヨンのグラン・シェフ、アラン・シャペル

パリと並び美食の街として知られるリヨン。この地の重鎮であるジャン・ヴィニャールやポワンに師事したあと、シャペルは確かな技術と豊かな地方色の表現によって名をとどろかせ、1973年に最年少でミシュランガイドの三つ星を獲得。フランス東部アン県のミオネにあるレストランを舞台に、地の食材をいかした料理を次々と生みだしながら、アラン・デュカス（下）ら多くの後進も育てた。

シャペルは、日本ともかかわりが深く、神戸に唯一の支店をオープンさせたこともある。日本の有名シェフの多くが、シャペルのもとで修業している。

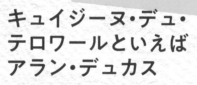

キュイジーヌ・モデルヌの旗手 ジョエル・ロブション

ヌーヴェル・キュイジーヌがフランス全土に広まるあいだにさまざまな解釈がなされ、1980年代に入ると、見た目だけヌーヴェル・キュイジーヌをまねた料理がでまわりはじめる。ヌーヴェル・キュイジーヌの中心にいたボキューズやトロワグロ兄弟らも疑問をもち、ヌーヴェル・キュイジーヌと距離を置くようになった。

ひとつ下の世代ですでに頭角をあらわしていたロブションは、いち早く独自の料理を追求。基本へ立ち戻ることを掲げ、「キュイジーヌ・モデルヌ」（現代フランス料理）を主張。カレームやエスコフィエ、ヌーヴェル・キュイジーヌの料理に敬意を払い、伝統的な地方料理や家庭料理のよさも吸収しながら、理論的で繊細で、美しく芸術的な料理をつくりあげた。

かねてから予告していたように50歳で引退後は、後進の指導や執筆、みずからのテレビ番組を通じてのフランス料理の普及活動に力をつくした。

キュイジーヌ・デュ・テロワールといえばアラン・デュカス

20世紀末を迎えると、地方の伝統や名産物を料理にいかした郷土料理「キュイジーヌ・デュ・テロワール」（大地の料理）に注目が集まる。ひときわ脚光を浴びたのが、デュカスだ。

生まれたフランスの南西部や南仏、ラテンを感じさせる料理は、営むふたつのレストランで同時にミシュランガイドの三つ星を獲得し、「6つの星をもつ料理人」とも呼ばれた。

デュカスは、グローバルな時代に国境をこえたフランス料理のありかたを主張し、独自の流派を築いている。

料理名から料理が誕生!?

> 食材、ソース、料理を組み立てるルールが明確にできあがったんだ

19世紀になると、それまで気ままにつけられていた料理名が、つかわれている基本の食材やソース、ガルニチュールを意味するようになり、料理用語となった。

これによって料理書は、レシピを伝えるだけでなく、料理名を参考に新しい料理を生みだすヒントを与える参考書となった。

すべてはフランス料理にできる!

ヌーヴェル・キュイジーヌは、各国料理のよさも貪欲に吸収した。たとえば、中国料理からは料理法の「蒸す」(ヴァプール)、日本料理からはしょうゆ、酒、みりん、会席料理の魅力や美しさをとり入れている。

フランス式、イギリス式、ロシア式、どれを選ぶ?

20世紀になって豪華ホテルを中心に広まったフランス流のサーヴィスは、食事の構成や料理をだす順序などの基本はロシア式だったが、料理のだしかたはフランス式、イギリス式、ロシア式の3つにわかれた。

フランス式

大皿に盛られた料理はテーブルに運ばれ、客が自分でとる。

イギリス式

大皿に盛られた料理はテーブルに運ばれ、給仕がとりわけて客にだす。

ロシア式

大皿に盛られた料理はゲリドンというサイドテーブルやワゴンで運ばれ、給仕がとりわけて客にだす。
ロシア式は、現在のサーヴィスの原型でもある。

> これがゲリドンだよ

女性初の三つ星シェフ

ルイ15世によってコルドン・ブルーを授与されたデュ・バリー夫人の女性料理人をはじめ、多くの女性の料理人が腕をふるってきた。

20世紀、偉業を成し遂げたのが、ユジェニー・ブラジエだ。1933年にオーナーシェフをつとめる2軒のレストランで三つ星を獲得している。

顧客にはシャルル・ド・ゴール18代フランス大統領などが名を連ねていた。

トリコロールカラーの意味は?

コックコートのえりにあしらわれた、青、白、赤のトリコロールカラーを、みたことはないだろうか。これは国家最優秀職人章（Meilleurs Ouvriers de France）、通称MOFの証。4年に1度のコンクールに合格した者だけに着用が許されている。

2023年、日本人としてはじめて、ガストロノミー"ジョエル・ロブション"でエグゼクティブシェフをつとめる関谷健一朗が受章した。

MOFはフランス料理の発展を下支えした制度といえるが、料理だけでなく、宝飾や工芸など、あらゆるジャンルにもうけられている。

ついにユネスコ無形文化遺産に

「グラン・シェフ」と呼ばれるシェフは、ロブションやデュカスだけではない! ベルナール・パコー、ギー・サヴォワ、ベルナール・ロワゾー、ミシェル・ゲラール、ミッシェル・ブラス、ピエール・ガニェール、アラン・パッサールらも、先人たちから多くを吸収しながら個性を発揮し、現代フランス料理を彩っている。彼らにつづく若い料理人たちの活躍もあり、2010年にフランス料理はユネスコの無形文化遺産に認定された。

ビストロで気軽にランチ＆ディナーを

Bon appétit!

ビストロはレストランをよりカジュアルにした飲食店。
日本でいう定食屋のような意味をもちあわせている。
レストランのかたくるしさを感じさせないようあえてビストロを名のる場合もある。

インテリアにはじまりテーブルやイスまで、こざっぱりとしたカジュアルなしつらえ。テーブルどうしの間もせまいことが多く、店内はにぎやか！ テーブルも、赤と白のチェックのテーブルクロスや紙が敷かれていたり、テーブルクロス自体なかったり。カトラリーやグラスも料理を注文してからセッティングされることもあり、気どらない雰囲気に親近感がわく。

フランス家庭で親しまれている定番料理や伝統料理、地方の名物料理などが味わえる。

ミシュランの星をもつ有名シェフが、レストランのほかにビストロをオープンすることも多く、リーズナブルな料金で、シェフのエッセンスが詰まった料理をたのしむことができる。

客のドレスコードはない。ただし、有名シェフのビストロなど、高級レストランのような雰囲気の店には、それにマッチする装いを。

ネオビストロやブラッスリーにも行ってみよう

ネオビストロは、レストランのかたくるしさなしに、極上の料理を純粋にたのしんでもらいたいという動きが高まって誕生。シンプルなインテリアのなか、高級食材と高等技術でつくられた料理で、客をカジュアルにもてなす。高級レストラン出身のシェフが腕をふるっている場合が多く、レストランに勝るともおとらない料理がたのしめる。

ブラッスリーは、もともと「醸造所」を意味する言葉で、フランスのアルザスでビールを飲むために生まれた居酒屋がはじまりともいわれている。ビストロがレストランのようにランチとディナーの間に休憩時間をとるのに対し、ブラッスリーはノンストップで営業。そしてビールのあてになるような軽い料理がメインだ。ただし、パリの有名な老舗ブラッスリーのリップのように、蝶ネクタイをしたブラックスーツのメートル・ドテル（P25）が接客し、オードブルからメインまでレストランのような料理が味わえる店もある。

⑨ ガストロノミーは芸術だ！

ガストロノミーとは美食学のこと。食通や学者、
ジャーナリストなど、ガストロノミーをきわめようとした人々によって
芸術分野のひとつに数えられるようになった。

「ガストロノミー」と美食文学の誕生

1801年、ジョセフ・ド・ベルーシュの詩において、はじめて「ガストロノミー」
（美食学、美食術、美味学）という言葉がつかわれた。

その2年後、ジャン＝アンテルム・ブリア＝サヴァラン（P39）とアレクサンドル・バルタザール・グリモ・ドゥ・ラ・レニエール（P39）が、『食通年鑑』を刊行し、美食文学と美食批評が誕生した。

『食通年鑑』は280ページにもおよび、パリのカフェやレストラン、食料品店を紹介し、あつかっている食品や料理を批評した。ちなみにグルメとガストロノームは「美食家」、グルマンは「おいしいものが好きな人」のことをいう。

> ガストロノーム、
> グルメ、グルマンは
> 同じ意味じゃ
> ないんだね

ただいまミシュラン内偵中

車のタイヤメーカーであるミシュランは、グリモ・ドゥ・ラ・レニエールの本『パリの食べ歩き』をお手本に、1900年にドライバーに向けて、車で旅するお役立ち情報をまとめたマニュアル本『ギド・ミシュラン』を創刊。1923年にはじめて各地のレストランを紹介し、1926年には星の数によるレストランの格づけがスタートした。

『ギド・ミシュラン』の成功を受け、1969年になるとレストランガイドブック『ゴ・エ・ミヨ』が創刊。以後、現在にいたるまでレストランを評価する本や雑誌が次々と登場している。

美食文学が大人気！

19世紀末から20世紀初頭、『食通年鑑』のほか美食雑誌『ル・グルメ』が創刊されるなど、新しいジャーナリズムが誕生。キュルノンスキー（P39）など新たな先導者も出現した。

美食文学と美食批評は盛りあがりをみせ、最盛期を迎える。レストランは文学の観点からも注目されるようになった。

歴史に名を刻むガストロノームたち

美食を芸術に押しあげることに貢献したガストロノームたちを紹介しよう。

ジョルジュ・サンド（1804〜1876年）

小説家。代表作は『魔の沼』『愛の妖精』など。じゃがいもとフロマージュ・ブラン（P117）のガレットなど、お気に入りの料理やスイーツのレシピを書きためており、その数は700点にものぼったという。

キュルノンスキー（1872〜1956年）

文筆家、ジャーナリスト。地方をめぐって書きあげた『美食のフランス』によって、地方料理を再評価させた。美食アカデミーの設立者であり、「食通の王」と評されてもいる。

アレクサンドル・バルタザール・グリモ・ドゥ・ラ・レニエール（1758〜1837年）

文筆家。食味審査委員会を組織し、料理とそのレシピなどを評して『食通年鑑』に掲載するとともに、よいものには認定書を与えていた。『食通年鑑』は2年の中断をはさみ、1812年まで毎年刊行された。

ジャン＝アンテルム・ブリア＝サヴァラン
（1755〜1826年）

哲学家、音楽家、法律家。著書『味覚の生理学』（邦題『美味礼讃』）において、味覚の「メカニズム」をきわめて細かく分析し、ガストロノミーを科学と哲学の観点から考察した。名言「君が食べたものを言ってみたまえ。君がどんな人物かあてててみよう」でもおなじみ。

アレクサンドル・デュマ（1802〜1870年）

小説家。『三銃士』『モンテ・クリスト伯』などで知られる文豪の最後の作品は、なんと『料理大事典』。大変な料理好きで知られる。

ヴィクトル＝マリー・ユゴー（1802〜1885年）

詩人、小説家。代表作は『ノートル＝ダム・ド・パリ』『レ・ミゼラブル』など。食欲と仕事欲が比例していたともいわれ、大食家でもあった。

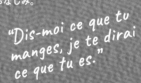

"Dis-moi ce que tu manges, je te dirai ce que tu es."

レストランで特別な夜を

料理をしっかり味わうならレストラン！
いわゆる三つ星のレストランを頂点にシェフのアイデアと
腕が光る料理はもとより店内の雰囲気やサーヴィスまで
極上のフランス料理が味わえる。

かつての宮殿を思わせるようなクラシックなインテリ
アから、話題の建築家やインテリアデザイナーによる
モダンなしつらえまでさまざま。

いずれのレストランも落ち着いていて静かで、上品な
雰囲気。白いテーブルクロスがかかったテーブルには、
みがきあげられたカトラリーやグラスなどが整然と並
んでいる。

メートル・ドテルのも
と、給仕がきめ細やか
なサーヴィスでもてな
す。接客全般を担当。

ソムリエが、ワインの専
門知識をもとに料理にあっ
たワイン選びをサポート
したり、ワインをサーヴィ
ス。ソムリエは、メート
ル・ドテル（P25）が兼任
したり、ワインを管
理するカヴィストを
兼ねていたりする場
合もある。

シェフのアイデアと技量が詰めこまれた、美しく
もおいしい最高級の料理がたのしめる。食材も最
上級。フランス料理の歴史や伝統はもちろん、最
先端のムーブメントを感じられるだろう。

暗黙のドレスコードがあり、男性はジャ
ケットを着用。女性は男性にあわせたス
タイルで。料理をサーヴィスするスタッ
フもパリッとしたスーツ姿だ。

メートル・ドテルのもと、美しい旋律のように料理がサーヴィスされていく。

オーベルジュとは？

オーベルジュは宿泊施設があるレストラン。郊外や地方にある場合が多く、食事のあと、その日のうちに帰らなくてもよいように宿泊施設をもうけたことにはじまる。

メインはあくまでもレストランで、フランスでは三つ星を獲得しているオーベルジュもある。

有名店は早くから予約しておこう。
フランスの有名店や高級店では、ドタキャン対策のため、予約時にクレジットカード情報を聞かれることが多い。キャンセルの場合、連絡するのを忘れると、デポジット（保証金）を支払うことになる。

時事ニュース！ フランス料理をかえたできごと

13世紀
調理場にかまどや
盛りつけ用のテーブルが出現
14世紀には、より整備されていった。

1393年
『パリの家政の書』刊行
パリの裕福なブルジョワが若い妻のために、道徳と家政について匿名でまとめた本。小麦粉、卵、水、塩、ワインを混ぜあわせ、バターとラードを混ぜた油で焼くクレープのレシピも掲載されている。

14世紀
シードル(P64)の誕生

15世紀末
イタリアからパルメザンチーズと
マカロニが紹介される

コロンブスがアメリカから
スペインにオールスパイスや
バニラなどをもち帰る

1542年
『すぐれた料理書』刊行
ルネサンス期のフランス料理をまとめた本がリヨンで発売される。

16世紀はじめ
ヴァスコ・ダ・ガマが中国から
ポルトガルにオレンジをもち帰る

16世紀中期
マスタードをすりつぶして
用いるように

1615年中期
スペインよりチョコレートが
もたらされる
ルイ13世とスペイン王フェリペ3世の王女アンヌ・ドートリッシュの婚礼の際に、アンヌはチョコレートをもって嫁いだ。

1620年代
コニャックで蒸留酒
オー・ド・ヴィの製造開始

1666年
ロックフォール(P118)の
条例が可決
トゥールーズ議会は、ロックフォール以外でつくられたチーズをロックフォールと名づけて販売することを禁じた。

17世紀
宮廷でグリンピースが大流行
時を同じくして、にんじん、きゅうり、カリフラワーが庶民に広まる。

17世紀後期
ワインのグラン・クリュが登場

1737年
しょうゆがオランダへ運ばれる
オランダを経由し、フランスにもヴェルサイユ宮殿にしょうゆが伝わり、ルイ15世はしょうゆ風味のサラダとして食べた。このサラダは、ヨーロッパ諸国の上流階級でブームに。

1755年
ムノン著『宮廷の夜食』刊行
18世紀末のベストセラー。じゃがいもをつかったレシピがはじめて掲載された。現代の料理人にとっても刺激的なアドバイスに満ちているが、ムノンの素性はいまだ謎のままだ。

1795年代
殺菌消毒の技術の発見
糖菓業のニコラ・アペールが、グリンピースやさやいんげん、牛乳などの食品を数か月保存する方法をみつけ、びん詰め業をはじめる。しかし技術特許をとらなかったため、イギリスからアメリカへと技術が流れ、改良されて缶詰が誕生することになった。

18世紀
ワインボトル誕生
ガラス製法の進化により、じょうぶなガラスがつくられるようになった。

**セーブルとリモージュに
磁器工場が開設**
ルイ15世のもうひとりの公妾ポンパドゥール侯爵夫人によって、これらの地域で磁器の生産がはじまった。

ボルドーワインがパリで有名になる

18世紀中期
カフェ・オ・レが流行

18世紀後半
カレーとローストビーフが
イギリスからもたらされる

1806年
トマトソースが料理書に
初掲載される
アレクサンドル・ヴィアールの料理書に登場。

1850年ごろ
ガスの調理台が登場
プロの調理場にあらわれたのは、もう少しあとになってから。

カキの養殖開始
1860年にかけて、生物海洋学者ヴィクトール・コストのもと、近代的な養殖がはじまった。

19世紀前半
トマトが一般の食卓へ

甜菜から砂糖がつくられる
未精製ショ糖をのせた船がイギリス艦隊の妨害を受けたことをきっかけに、実業家バンジャマン・ドゥレセールの製糖所でつくられるようになった。

19世紀後半
冷凍技術が生みだされる
発明家シャルル・テリエによって冷凍技術の実験が成功する。

マーガリンの誕生
化学者イポリット・メージュ＝ムリエによって、バターより長もちする代用品としてマルガリーヌ（マーガリン）がつくられる。

"Le gastronomade va par toute la France chercher tel plat là où on le prépare le mieux, et il l'accompagne de vin et alcool de la même région."
Curnonsky

"美食家たちは、フランス全土をめぐり
料理がもっともおいしくつくられる場所を探しだし
その同じ地域のワインや蒸留酒をあわせる"
キュルノンスキー

PART 2
あちこち食材めぐり

極上の料理を形づくっているのは、個性豊かで良質な食材たち。
おいしいものを目指して、フランス各地を旅しよう。

1 フランスを食べつくそう！

美食の国は、食糧自給率100％をこえる農業大国にして
酪農や漁業も盛んな環境あってこそ。風土や文化が
育んだ豊かな食材から郷土料理まで、各地の食文化をみていこう。

ブルターニュ

パリ＆イル＝ド＝フランス (P46)

華やかな宮廷文化やブルジョワたちのもとで、古くからパリの美食はアートと考えられてきた。いち早く諸外国からもたらされた新たな農作物をとり入れ、ガストロノミー（P38）が花開く一方、大衆料理も広がった。すべての食の流行はこの都から生まれ、パリの名を冠した食べものも多い。

ブルターニュ (P50)

西北部の大西洋に突き出た半島で、周辺の海はオマールエビやムール貝など魚介類の宝庫。養豚も盛ん。やせた土地ゆえ、かつてはそば以外に目ぼしい農産物は育たなかったが、今はアーティチョークやカリフラワーなど国内有数の野菜の生産地に。料理にもお菓子にも有塩バターを用いる。

ノルマンディー (P54)

英仏海峡に臨むこの地域は降雨量が多く、豊かな牧草が育つことから酪農が盛んで、バターやクリーム、カマンベールチーズなどの乳製品が豊富。りんごの産地としても知られる。モン・サン＝ミシェル湾は小エビや貝類の宝庫で、周辺の塩気を含んだ牧草地ではプレ＝サレ仔羊が育つ。

ブルゴーニュ (P58)

高貴なワインで名をはせるほか、フランスを代表するシャロレー牛やブレス鶏が育つ。エスカルゴやカエルといったフランス料理に特徴的な食材もこの地の名産品。酸味や辛みなどかすかに刺激のある風味が好まれ、マスタードといった特産品にもその傾向がみられる。

アルザス (P62)

北東部のヴォージュ山脈からライン河にいたるこの地域は、隣接するドイツや中欧の食文化の影響が色濃い。フランス有数の白ワイン産地であるうえビールの醸造も盛ん。コイを食べる習慣があり、フォワグラも伝統的によく食べる。長く厳しい冬に備え、食品の保存技術も発達した。

ロレーヌ (P66)

ドイツや中欧の影響を受ける一方、中世の食文化が受け継がれ、酸味や苦み、スパイスの風味が好まれる。冬に寒く、夏に暑い大陸性気候が育むミラベルプラムは、この地の象徴的なフルーツ。キッシュ・ロレーヌをはじめ、マドレーヌやババなど、フランスを代表する名物も多い。

プロヴァンス＆コート・ダジュール (P70)

地中海に面したこの地域の夏の暑さと乾燥した気候は、オリーブ栽培に最適。オリーブのほか、トマトやなす、ズッキーニなどの野菜、にんにくやハーブ類、柑橘を多用し、カラフルな色彩にあふれた料理が目を引く。鯛やカサゴなどの高級魚がとれることでも知られている。

オー＝ド＝フランス (P74)

フランス最北部にあり、英仏海峡から北海にかけての海岸線に、国内最大の漁港ブローニュをはじめとする良港がある。北欧諸国や中世の食文化の影響も色濃く、チコリなど苦みが好まれ、スパイスづかいも特徴。また、ゴーフルなどベルギーと共通する食文化もみられる。

アキテーヌ (P78)

大西洋に面し、ヨーロッパ最大の森林が広がるため、ムール貝やカキ、黒トリュフやセップ茸、野鳥など、美食の宝庫。鴨の飼育も盛んで、フォワグラの生産量は国内随一。そして忘れてならないのが、ボルドーワイン。南西部のバスクでは、スペインの食文化の影響もみられる。

ポワトゥー＝シャラント (P82)

湿度が高く、低地は温暖、高地は冷涼な気候で、年間を通して牧草の生育に適しており、乳牛と山羊の飼育が盛ん。エシレなど上質なバターやシェーヴルチーズが豊富。山羊肉を食べる習慣も残る。大西洋沿岸には、ヨーロッパ随一の生産量を誇るカキの養殖場が広がる。

ラングドック＝ルシヨン (P86)

プロヴァンスと似た地中海料理が主流だが、イカやタコ、アンチョビをつかった特徴的な料理も多い。スペインと国境を接する海岸沿いは、スペインやアラブの影響を受けた独自の食文化をもつ。スペイン国境付近のアプリコット、内陸部の山羊乳や羊乳のチーズ、甘玉ねぎなども名高い。

シャンパーニュ＝アルデンヌ (P98)

スパークリングワインのシャンパーニュの里。南はブルゴーニュ、北はベルギーとの境まで広がる地域で、古くから豚の飼育が根づいており、個性的なシャルキュトリーの宝庫。広大なアルデンヌの森は、鹿をはじめとするジビエを育んでいる。川魚も有名で、多くがシャンパーニュや白ワインで調理される。

リヨン＆ローヌ＝アルプ (P102)

パリと同じく美食の街リヨンでは、ハムやソーセージといった上質なシャルキュトリーが豊富なうえ、カワカマスのクネルなど大衆料理が花開いた。アルプス山脈一帯は、ルブロションなど牛のミルクからできるチーズで知られ、それらを用いた料理も多い。栗やくるみなどナッツ類の栽培も盛ん。

ミディ＝ピレネー (P106)

北は中央山塊、南はピレネー山脈を隔ててスペイン国境と接する。北部に広がる石灰岩台地では羊の飼育が盛んで、ロックフォールなどのチーズを生みだしている。アルマニャックや土着のビゴール豚を用いたシャルキュトリーも名高く、料理に鴨やガチョウの脂を用いることでも知られる。

コルシカ（P110）

地中海に浮かぶ島。イセエビやウニなど新鮮な魚介と、ハーブや柑橘が名産。かつてイタリアの植民地だったことからその影響が色濃い。伝統的に漁より狩猟や畜産が盛んなため、イノシシ料理や地豚のシャルキュトリーも名高い。栗が主食だった歴史があり、栗粉のお菓子も多い。

ペイ・ド・ラ・ロワール＆サントル（P114）

1000kmにおよぶ国内最長のロワール川周辺に広がり、温暖な気候から、野菜やフルーツ、ワインの産地。上質な畜産も盛んで、シェーヴルチーズの宝庫としても名高い。質の高い川魚もとれる。洗練された料理で知られるが、こうした食材の豊かさあってこそだ。

オーヴェルニュ＆リムーザン（P120）

フランスの中央に横たわる中央山塊が広がるこの地域では、地産のサレール牛やリムーザン牛、仔羊や豚などの飼育が盛ん。特有の火山性土壌が育む緑レンズ豆の評価も高い。やせた土地柄、長い間、キャベツやじゃがいも、栗が重要な食糧だったことから、素朴な料理が多い。

フランシュ＝コンテ（P124）

隣接するアルザス同様、ドイツや中欧の食文化の影響が色濃い。大部分を森が占め、モリーユ茸などきのこが豊富。山岳地帯では、長い冬に備えるために燻製加工技術が発達し、スモークソーセージなど燻製のシャルキュトリーが名産。保存の知恵から生まれた大型のハード系チーズも多い。

オー＝ド＝フランス

レマンディー

パリ＆イル＝ド＝フランス

シャンパーニュ＝アルデンヌ

ロレーヌ

アルザス

ペイ・ド・ラ・ロワール＆サントル

ブルゴーニュ

フランシュ＝コンテ

ポワトゥー＝シャラント

オーヴェルニュ＆リムーザン

リヨン＆ローヌ＝アルプ

アキテーヌ

ミディ＝ピレネー

プロヴァンス＆コート・ダジュール

ラングドック＝ルシヨン

コルシカ

トレンドの発信地
パリ＆イル＝ド＝フランス

中世のパリはワインの主要産地で、エッフェル塔周辺にもブドウ畑が広がっていた。
小麦や野菜、フルーツの栽培も盛んで、フランスの食をまかなってもいた。
規模こそ小さくなったが、今でも情熱に満ちた生産者たちが伝統を守っている。

ILE-DE-FRANCE

エッフェル塔でワインができた!?

肥よくなパリ盆地が広がるイル＝ド＝フランス。中世からフランスの穀物庫として知られ、小麦を中心に野菜やフルーツの栽培が盛んだった。現在エッフェル塔が立つ場所でもブドウがつくられていた。都市化にあわせて果樹園や牧草地が減り、牛や鶏、豚などを育てることもめずらしくなったが、こだわりの生産者たちがわずかながらに伝統を守っている。

パリの名を冠した、すばらしき逸品

美食の街パリならでは！ フランスはもとより世界には「パリ」の名のついた食べものがたくさんある。いくつか紹介しよう。

サンドイッチ・パリジャン

バゲットにバターを塗り、ハムをはさんだシンプルなサンドイッチ。ピクルスを加えることもある。フランスのサンドイッチの定番で、ストリートフードの代表格。

マカロン・パリジャン

本来は、アーモンド、砂糖、卵白をつかった素朴な焼き菓子。2枚の生地でクリームをはさんだ、日本でもよくみるタイプは「パリジャン」（パリ風）と呼ばれ、19世紀に原型が誕生したという。

ブーダン・ド・パリ

血のソーセージ「ブーダン・ノワール」（P77）は、フランス各地にオリジナルレシピがある。パリ風は中世からのレシピを引き継ぎ、豚の血と豚の脂、玉ねぎを3分の1ずつ配合し、スパイスで風味づけする。

ブリオッシュ・パリジェンヌ

ブリオッシュも各地にたくさんの種類があるが、「パリジェンヌ」（パリ風）といえば、大小2つの丸い生地を重ねた頭つき。

まだある「パリ」の定番

パリ風サラダ
パリ風ポタージュ
パリ風エスカロップ
サーモンのパリジェンヌ風
手長エビのパリジェンヌ風
ニョッキのパリジェンヌ風
じゃがいものパリジェンヌ風

ウーダン鶏

パリの西、ウーダン原産の古い品種。黒地に白いぶちが入った羽と赤いトサカが特徴。繊細で味わい深い風味ゆえ、17世紀には王家の食卓にのぼり、19世紀後半になると「鶏の女王」としてフランス随一の人気を誇った。大戦後、一時は絶滅の危機に瀕したが、復興運動により今ではブレス鶏（P59）と並ぶブランド地鶏に。19世紀に流行した、レバーやハム、トリュフ（P101）、フォワグラ（P100）などをあわせた「ウーダン鶏のパテ」もよみがえった。

クレソン

17世紀のドイツで栽培されるようになり、フランスには19世紀に導入され、メレヴィルで栽培がはじまると、またたく間にパリジャン熱愛の野菜に。20世紀になると人気は衰えたが、現在もメレヴィル一帯でつくられ、フランスの生産量の3割を占める。サラダやポタージュ、ピュレにして食べる。ステーキの「ヴェール・プレ（緑の牧場）風」といえば、クレソンのほか、「ポム・パイユ」（P109）が添えられる。

ブリ・ド・モー

パリの北、ブリ原産のカマンベールチーズの原型といわれるチーズ（P118）。直径37cm重さ3.3kgという、白カビタイプとしては破格の大きさ！豊かで深いコクがあり、まろやかで上品な味わい。歴史は7世紀の修道院にさかのぼり、カール大帝からルイ16世まで歴代の王侯貴族に愛され、1815年のウィーン会議で行われたチーズ品評会では「チーズの王様」と称された。ひとまわり小さな弟分の「ブリ・ド・ムーラン」は、塩気が強く、野性的で力強い味わい。

おいしいもので あふれるパリ！

シャンピニオン・ド・パリ

マッシュルームは、19世紀の初頭、パリの地下に広がる採石場跡で盛んに栽培されるようになったことから、「パリのきのこ」を意味する名称で呼ばれている。19世紀末の地下鉄建設によりパリでの栽培はおわったが、今でもわずかに周辺で昔ながらに栽培されている。サラダに生で用いるほか、ファルシやヴルーテ、クリーム系の煮こみやつけあわせにつかわれる。

ウサギ

パリの東、ガティネでは、中世からウサギを飼育していたが、長らく野ウサギのほうが好まれていたため、ガティネ産ウサギが知られるようになったのは、20世紀初頭になってから。現在では最高品質のウサギのひとつに数えられる。ピスタチオ入りの「ガティネ風」ウサギのパテやテリーヌ（P77）は、この地の郷土料理。

ホワイトアスパラガス

16世紀から王家の食卓で珍重され、ルイ14世はいつでも食べられるように温室をつくらせたほど。その後、19世紀中ごろにパリ郊外のアルジャントゥイユで「アルジャントゥイユのアスパラ」という品種が誕生し、栽培が発展した。現在は近郊の農家が伝統を受け継いでいる。ゆでてドレッシングやソースをかけたり、ポタージュやスクランブルエッグに用いる。

ジャンボン・ド・パリ

18世紀からパリで製造され、20世紀初頭には高級ハムの代名詞にもなった「パリのハム」を意味する名の加熱ハム。この名は、今では加熱ハムの総称としてつかわれることも多いが、伝統的には5kg強の骨つき豚もも肉を塩漬けし、ハーブやスパイスで香りづけしたあとブイヨンでゆでるか蒸したものをいう。サンドイッチやクロック・ムッシュ、パリ風サラダなどに欠かせない。

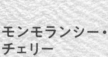

モンモランシー・チェリー

パリ郊外のモンモランシーで、古くから栽培されている酸味の強いチェリー。18世紀にはパリの路上で競りが行われるほど評判を呼び、19世紀にはさくらんぼ狩りがたのしまれたという。現在では甘いビガロー種が主流のため、非常に希少。シロップやブランデー漬け、ジャムなどに用いられ、鴨やジビエ（P84）との相性もよい。さくらんぼをつかっているお菓子や料理は「モンモランシー風」と呼ばれる。

パン

バゲットが主食の現在でも
フランスの各地方には
個性的な形や名前のパンが
根強い人気を誇っている。

c'est si bon!!

1 バゲット

「細長い棒」の名のとおり、長さ約65㎝、重さ約250gの棒状のパン。かつては富裕層だけが食べられた。一般の人々は、2kgほどの大型パンを数日かけて食べていたが、1920年代、新鮮なパンを食べたいというパリの人々の要望と、職人の深夜労働が禁止されたことがきっかけとなって広まり、1950年代にはだれもが毎日食べるものに。パリを象徴するパンとして「パリジャン」の愛称で親しまれ、フランスでは1日に3000万本売れている。「トラディション」(伝統的)と呼ばれるものは、水、小麦粉、酵母、塩のみを材料に、発酵時間など製法に厳密な規定が定められている。

2 パン・レジャンス

パリの北にあるオワーズの、丸めた生地5つを棒状に並べて焼いたパン。17世紀にはそれまでの天然酵母にかわり、ビール酵母が台頭してパンの食感が進化した。これはビール酵母をつかった最初のパンのひとつ。当時は高級品だった。

3 パン・ブリエ

ノルマンディーのパン。表面のうね模様と製法が特徴。水分が少なめの生地をめん棒で何度もたたくことで、目のしまった生地に仕上げる。保存がきくことから、かつては沖にでる漁師のおともだった。

4 クーロンヌ

南西部ボルドーやリヨンの王冠にみたてたリング状のパン。ボルドーのものは丸めた生地7～9個を輪に並べるが、リヨンのものは丸めた生地の中央に手で穴を開け、穴を広げて輪にする。

5 フガス

プロヴァンスのパン。オリーブオイルがベースの生地をのばして切りこみを入れた、葉っぱのような姿の平たいパン。もともとは、パン職人がかまの温度を確認するための、試し焼き用のパンだった。

6 マルグリット

中南部アルデッシュのパン。丸めた生地を中央に1つ、まわりに5つ並べ、マーガレットの花にみたてて形づくっている。名前もこの花に由来する。

7 ブーリヨル

オーヴェルニュのパン。そば粉のクレープの一種で、かつてはパンのかわりに食べられていた。天然酵母と牛乳を加えて発酵させるのが特徴。じゃがいもやチーズ、ソテーしたフルーツやコンポートなどをあわせる。

8 ファルシュ

フランス北部のパン。学生用の伝統的な黒いベレー帽が名の由来。焼きあがったらすぐに布袋に入れ、しんなりさせる。そのため、空気のぬけたボールのような形になり、やわらかい。

9 フェール・ア・シュヴァル

フランス北東部の、馬のひづめにつける金具「蹄鉄」にみたてたU字形のパン。

10 ブレッツェル

フランスとドイツの国境にあるアルザスのパン（P63）で、ドイツでもおなじみ。アルザスでは11世紀の写本にも登場する。ハートのような形は、パン職人が特別なパンを考えあぐねて腕組みしている姿なのだとか。

11 スーブロート

アルザスのパン。のばした生地を2枚重ねてひし形にカットし、立ててふたつずつくっつけてつくる。19世紀末、アルザスがドイツに併合された時代に広まったという。

12 タバティエール

東部ジュラや北部ピカルディーのパン。「タバティエ」ともいう。「タバコ入れ」を意味する名前は、丸めた生地の一部を薄くのばして表面にかぶせた形が、かつてのタバコ入れを思わせることから。

13 ポルトマント

南西部トゥールーズのパン。棒状にのばした生地の両端を巻きこんでおり、昔ながらの「ポルトマント」（外套かけ）を思わせる。「テレフォン」（電話）や「オス」（骨）の呼び名も。

14 トルデュ

ミディ＝ピレネーのパン。「トルデュ」（ねじる）という名のとおり、棒状で2～3回ねじりが入っている。

15 パン・ヴォドワ

スイス国境に近いサヴォワならではの、スイス発祥のパン。丸めた生地にめん棒を押しこんで十字の割れ目を入れるのが特徴。

16 フエ

中部トゥーレーヌのパン。高温のかまでさっと焼いてふくらませるため、なかが空洞になっており、ピタパンに似ている。同じく中部のトゥール名産のリエット（P77）や、マッシュルーム、シェーヴルチーズ（P119）などを詰めて食べる。

17 パン・ド・ボーケール

ラングドック＝ルシヨンのボーケール発祥の、中央に割れ目が入ったバタール状のパン。こね時間を長くとっているため、気泡が多い。中部ベリーには、「パン・フォンデュ」という似た形のパンがある。

18 パン・デクス

南仏エクス＝アン＝プロヴァンス発祥。丸めた生地の一部を薄くのばして表面にかぶせ、中央に途中まで切りこみを入れて左右にのばし、蝶ネクタイのような形にする。

19 マン・ド・ニース

「ニースの手」という名のとおり、大きな手のようなパン！イタリアから南仏コート・ダジュールに伝わった。ピカソが食卓についた写真でもおなじみ。

ケルト由来の食文化
ブルターニュ

ケルト民族が開拓したこの地域では、独自の文化が育まれてきた。
かつては農地が乏しく貧しくて、美食とは縁遠かったが
その素朴さゆえに独自の食文化が生まれた。

BRETAGNE

伝統の森の国？

荒々しい海岸線と野性的な風景が広がるブルターニュ半島全体に位置する地域。広大な森におおわれていたことから、開拓者のケルト民族は「森の国」と呼んだ。15世紀末に、そばがもたらされ、栽培が可能になると、農業が発展しはじめる。今では養鶏、豚、酪農（バター）が盛ん。さらに、フランスを代表する野菜地帯となっている。

素朴さがおいしさの決め手

アーティチョーク、カリフラワー

アーティチョークはフランス総生産量の95％、カリフラワーはその90％を占める。この地のアーティチョークは5～10月が旬。灰色がかった緑色で、肉厚でやわらかく、マイルドな味わいの大型。豚の背脂や香味野菜と煮こんだ「アーティチョークのレンヌ風」が郷土の味。カリフラワーは11月から4月が旬で、クリームスープやグラタンにする。

そば粉

小麦が育たないやせた地で栽培が成功して以降、主食となったそば。パンやクレープ、かゆとして食べられてきた。なかでもそば粉のクレープ「ガレット」は、今でもこの地を象徴する食べものだ。ハムやチーズ、卵などシンプルなものから、魚介のクリーム煮や名物のアンドゥイエット（P77）まで具材はさまざま。また、ブルターニュ風ポトフ「キッカーファー」は、練ったそば粉のだんごを一緒に煮こむ。

パンポル豆

北西部の港町、パンポル名産の白いんげん豆。ヘーゼルナッツを思わせる風味が特徴。20世紀初頭に船のりが南米から種子をもち帰ったことから栽培がはじまった。初夏から秋にかけてさやに入った生の状態で出まわる。ゆでてサラダやピュレ、トマト煮こみにするほか、名物の「ブルターニュ風 プレ＝サレ仔羊（P55）のもも肉のロースト」には、この豆の煮こみがお約束。

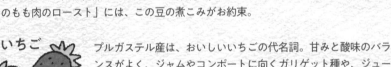

いちご

プルガステル産は、おいしいいちごの代名詞。甘みと酸味のバランスがよく、ジャムやコンポートに向くガリゲット種や、ジューシーで甘みが強く、生食やサラダ、パティスリーなどに向くマラ・デ・ボワ種など、さまざまな品種が春から初夏にかけて出まわる。フランスでいちご栽培がはじまったのは18世紀半ばのこと。軍人のアメデ＝フランソワ・フレジエが南米からもち帰った原種を、プルガステルで栽培するようになった。

ブルターニュといえば、塩バター

バターはブルターニュ料理の真髄。バターをつかわない料理やお菓子はほとんどない。フランスでは一般的に無塩バターが用いられるが、この地域でバターといえば、ゲランドの塩を練りこんだ有塩バターだ。フランスでは中世から革命期まで、「ガベル」という塩税があったが、この地には有名な塩の産地があるため、税が免除されていた。塩が安く入手できることから、バターの保存期間をのばすべく、塩を加えたバターが発展したのだ。

豚

この地では長らく肉といえば豚肉だった。手軽に育ち、骨まであますところなく食べられる豚は、貴重なタンパク源で、村ぐるみで協力して飼育し、農村の経済を支えた。今でも養豚が盛んで、国内総生産量の半数を占める。料理だけでなく、「ブルターニュ風パテ」、豚頭と臓物をつかった「レンヌ風パテ」、「ゲメネのアンドゥイユ（P77）」や「豚脂の塩漬け」など、個性的なシャルキュトリーの伝統が根づいている。

カキ、オマールエビ、ムール貝

天然のカキは希少ながら、海岸線に沿って養殖場が点在する一大産地として知られ、国内のプラット（ヨーロッパヒラガキ）のほとんどを生産。生ガキの盛りあわせが人気だ。この地のオマールエビは「オマール・ブルー」と呼ばれ、世界最高峰として珍重されている。大きなはさみと青い殻が特徴。シードル（P64）とカレー粉のようなスパイス「カリ・ゴス」で風味づけした「オマールのモルビアン風」が名物。「ムール・ド・ブショ」と呼ばれるムール貝は、小ぶりながら磯の香りにヘーゼルナッツのような風味と甘みのあるクリーミーな味わい。シードルとクリームで煮こむのがブルターニュ風。

オイルサーディンの缶詰

古くから保存のために、イワシをバターでコンフィにしていたが、18世紀末に缶詰が開発されると、オイル漬けにしたイワシを缶に詰めるように。1824年に世界初の缶詰工場がフランス西部のナントにつくられると、この地では魚の缶詰が一大産業として発展した。バターを塗ったパン・ド・カンパーニュにのせて食べるのが定番だが、そのままグリエしたり、ほぐしてリエット（P77）やパテにもあわせられる。

シュシェン

はちみつと水を発酵させてつくるはちみつ酒。歴史は古く、古代ギリシア人やケルト人は神々に捧げていたという。ブルターニュでは「シュシェン」と呼ばれ、伝統ではそばのはちみつをベースに、りんご果汁を加えて発酵させる。辛口から甘口まであり、冷やして食前酒や食後酒として飲んだり、相性のよいメロンやフォワグラ（P100）にかけて前菜にしたり、「鶏のシュシェン煮こみ」などの料理に用いる。

クイニーアマン

この地の言葉で「バターのお菓子」を意味するとおり、大量のバターと砂糖が入ったパン生地を、パイのように折りこんで焼いた郷土菓子。キャラメリゼした表面のカリッとした食感のあとにバターがじんわりとあふれてくる。もともとはバターをふんだんに加えたシンプルなパンで、1860年ごろに地元のパン職人が甘くつくりかえたといわれるが、当時、交易が盛んだった北欧のデニッシュをアレンジしたとの説も。そば粉を加えたものやりんご入りも人気。

レ・リボ

この地は酪農も盛んだが、おもにバターや発酵乳に加工される。レ・リボは、バターを製造するときにできる発酵乳飲料。酸味のあるヨーグルトドリンクといった味わい。昔は栄養価をあげるためにスープやじゃがいものピュレに加えたり、キリスト教の断食日にあたる金曜日にガレットと一緒に飲んだ。今でも、ガレットにはレ・リボかシードルがお約束！

甲殻類と貝

フランスの漁場といえば
ノルマンディーの長い海岸線から
ブルターニュの入り組んだ
海岸線にかけての沿岸部。
エビやカニなどの甲殻類や
貝類といったシーフードの宝庫だ。

ヨーロッパ VS 北米

くすんだ青色のヨーロッパ産のオマールエビ（ヨーロッパロブスター）は、ノルウェー北部から地中海に生息。非常にすぐれた風味で評価が高い。一方、カナダやアメリカの北大西洋沿岸に生息する、茶褐色のオマールエビ（アメリカンロブスター）はやや大味。

フランスではブルターニュ産が美味と名高く、「ドゥモワゼル」と呼ばれる400 g程度と小ぶりなノルマンディー産の倍ほどの大きさだ。

おなじみの甲殻類

クモガニ

トゲトゲした甲羅と、毛におおわれた長い足をもち、甲殻類でもっとも繊細で美味とされる毛足ガニ。メスのほうが繊細かつジューシーで好まれる。禁漁期間（9月1日〜10月15日）をのぞいて通年とれるが、ピークはカニが沿岸部に移動する春。クール・ブイヨンでポシェしたものを、貝類やエビと海の幸の盛りあわせにし、マヨネーズをつけて食べるのが鉄板。コルシカでもとれる。

イセエビ

2本の長い触覚、緑がかった褐色に黄色いはん点が特徴。身は白くきめ細やかで、パリのレストランでは長らく甲殻類の王様として君臨。「イセエビのパリ風」といえば、さいの目に切った野菜と身をマヨネーズであえ、殻に盛りつけた料理。スペインと国境を接するカタルーニャの地中海沿岸部では、バニュルス（P86）で煮こんだイセエビのシヴェ（P84）「ラゴスターダ」が郷土の味。

トゥルトーガニ

全長45cm、重量は5kgに達することもある、ヨーロッパ最大級のイチョウガニ。横長の楕円形をした赤褐色の甲羅が特徴で、大きな爪の身は繊細で美味。沿岸部の海底100mまでの岩場に生息し、通年とれるが旬は5〜10月。メスのほうがおいしい。クール・ブイヨンでポシェし、バターを塗ったライ麦パンにのせて、マヨネーズかヴィネガーをかけるのが定番。ほぐした身をほかの材料とあえて殻に詰めて前菜にしたり、グラタンにしたり。地中海地域でもとれる。

ラングスティーヌ

細長いはさみをもつ体長10〜25cmのアカザエビ。日本では「手長エビ」とも呼ばれる。身は甘みが強く、加熱してもやわらかくてうまみが濃厚。イタリアでは丸ごと調理することが多いが、フランスではおもに胴をむき身にしてつかう。さまざまに調理され、殻はソースに用いる。旬は4〜7月だが、生は沿岸部以外では出まわることはない。南西部や地中海でもとれる。

オマールエビ

フランス料理で高級な魚介のひとつで、大きなはさみが特徴。旬は5〜8月で、メスのほうが身が詰まり、風味も繊細で美味とされる。殻に身を詰めてソース・ベシャメルをかけ、チーズをふって焼きあげる「テルミドール風」は古典料理。クール・ブイヨンでポシェし、マヨネーズソースをあわせ、サラダ仕立てにした料理はボキューズ（P32）のスペシャリテ。殻はソース・アメリケーヌやビスクにし、みそと生殖器も風味づけにつかわれる。

クルヴェット

「クルヴェット」とは体長10cmくらいまでの小エビの総称。フランスではおもに、風味の強い「グリーズ」（灰色の）、繊細な香りの「ブーケ」（花束）、マダガスカルなどから輸入される「ローズ」（ピンク）と呼ばれるものが出まわる。ゆでたむき身を食べたり、丸ごとこしょうをしてポワレするほか、サラダやオードブル、ムースなどに。ブルターニュやノルマンディーでは、シードル（P64）で風味づけすることも。

おなじみの貝類

アサリ

わずかに丸みを帯びて、しま模様が細かく入った5cmほどの二枚貝。砂地や干潟に生息し、各地の沿岸でみられるが、とくに英仏海峡と地中海沿岸に多い。近年では養殖も少しずつ増えている。かすかに磯の香りがあり、生のまま海の幸の盛りあわせに用いるほか、詰めものをしたり、魚のスープやグラタンに。

ハマグリ

3.5〜5cmの三角形をした殻は厚みがあり、乳白色や灰色、褐色のまだら模様とギザギザのすじが特徴。砂地の深さ数センチのところに生息し、ブルターニュのサン＝マロや、ノルマンディーのモン・サン＝ミシェル湾で漁が盛ん。身は肉厚で、磯の香りを帯びた繊細な風味。生食のほか、ポシェやグリエしたり、リゾットやスープに用いる。

ビュロ貝

巻貝の一種のバイ貝。大きさは4〜10cm、色は褐色や黄色などのグラデーション。ノルマンディーのグランヴィル湾が有名産地。身は磯の風味が強く、コリコリとした歯ごたえがある。ゆでてマヨネーズで食べるのが定番だが、サラダやタルタルにも。よく似たビゴルノー貝（タマビキ貝）は、2〜3cmと小ぶりで、アペリティフに最適。

ホタテ貝

フランスはホタテの消費量が世界第1位。北部からブルターニュにかけてが好漁場で、ノルマンディーが主要産地。漁には厳しい規定が定められており、解禁は10月1日から5月14日。フランスのものは大ぶりなヨーロッパホタテで、身は乳白色でしまっており、甘みのある繊細な風味が特徴。生でマリネやカルパッチョにするほか、オーブン焼きやグラタン、バターでポワレすることも。卵巣とヒモはだしをとるのに用いる。

ムール貝

フランスでもっともポピュラーな貝で、各地の沿岸部で養殖されている。「ブショ」と呼ばれる小ぶりなものが美味で、ブルターニュのモン・サン＝ミシェル湾産のものが最上とされる。ラングドックのトー潟など地中海沿岸でとれる「ブジーグ」と呼ばれるものは、大ぶりで肉厚。旬は7月から1月で、白ワイン蒸しの「ムール貝のマリニエール」が代表的。スープやクリーム煮、フライ、グラタンやスープに調理される。

カキ

19世紀半ばにカキの近代養殖が誕生して以来、フランス沿岸部で広く養殖が行われている。フランスのカキは、殻が円形で平らな「プラット」（ヨーロッパヒラガキ）と、楕円形でくぼみのある「クルーズ」（日本原産のマガキ）の2種。プラットのほうが上質とされ、ブルターニュ北部が有名産地だが、現在では大半をクルーズが占めている。9月から4月が旬で、生がもっとも好まれるが、クリームソースなどで温製に仕立てることも。

コック貝

各地の沿岸に生息し、ポピュラーなザル貝。3cmほどの大きさで、クリーム色のまだら模様にすじが入っている。天然ものが豊富にとれるが、養殖も行われている。身はかすかな磯の香りを帯びた繊細な風味で、生でも火を通してもおいしい。ワイン蒸しやスープにするほか、肉とも好相性。

マテ貝

フランス語で「クトー」（ナイフ）と呼ばれる10〜20cmの細長い貝。あらゆる沿岸部でとれる。身はやわらかくてうまみがあり、生で食べることもあるが、調理するのが一般的。蒸し煮やポワレにし、ハーブ入りのバターをからめたり、柑橘の皮で風味を高めたりする。

ペトンクル

セイヨウイタヤ貝。見た目は4〜6cmの小型のホタテのよう。風味はホタテよりおとるが、ブルターニュのキブロン湾などでとれる灰色の「ペトンクル・ノワール」と、英仏海峡でとれる薄茶の「ペトンクル・ブラン」は評価が高い。身はやわらかく、ナッツのような繊細な風味。生で食べるほか、ポワレやオーブン焼きなど幅広くつかわれる。

りんごと乳製品の里 ノルマンディー

NORMANDIE

ノルマンディーはパリに近く
長きにわたり新鮮な乳製品や魚介を提供し、食の発展に貢献。
カマンベールがフランスを象徴するチーズになったのも、そうした背景からだ。

フランスの果樹園へようこそ

海に面したフランス北西部に位置するノルマンディー。湿地帯、ランド（荒野）、断崖などの多様な地形がおいしいものを育む。りんごの産地として知られ、中世には「フランスの果樹園」と呼ばれた。この地の料理はバターとチーズが欠かせず、あらゆる料理に用いられている。

パリの台所

りんご

土着の古い品種を含め、生食用と加工用に500種も栽培されている。タルトをはじめ、丸ごとりんごを包んだパイ「ブールドロ」、レーズンと焼いたケーキ「ブーレ」など、りんごをつかった伝統菓子が多い。また、ローストした豚肉とりんごを、カルヴァドスとシードル（右、P64）風味のクリームで煮こむ料理など、郷土料理にも用いられる。ちなみに、りんごはフランス人に一番人気のあるフルーツ。ひとりあたり年間平均16kgを食べるという。

シードル、カルヴァドス

この地域でりんご栽培が盛んになったのは15世紀のこと。気候変動により寒冷地になり、ワイン用ブドウが育たなくなったため、りんごの木が広く植えられた。シードル用圧さく機のおかげで、シードルの製造が発展した。シードルにはおもに酸味の強い品種のうち、苦みや甘みの異なる品種がブレンドされてつかわれる。シードルを蒸留したお酒がカルヴァドス。どちらも郷土料理やお菓子に用いられる。

洋なし

南西部と内陸部の丘陵が連なるドンフロン周辺は、りんごに加えて洋なし栽培が盛ん。中世には、洋なしは貴族のフルーツ、りんごは庶民のフルーツだった。洋なしからもシードルのような発泡酒の「ポワレ」がつくられており、生食用と、ジュースやポワレにつかう加工用が数百種栽培されている。とろけるようにやわらかく甘美な洋なしを、丸ごとパイ生地で包んで焼いた「ドゥイヨン」は代表的な郷土菓子。

カマンベール

この白カビチーズ（P118）が誕生したのは1791年。カマンベール村の農婦が、フランス革命の混乱を避けてやってきた司祭をかくまい、そのお礼に司祭の故郷のブリ・ド・モー（P118）の製法を教わったのがはじまりとか。伝統的なカマンベールは、ねっとりとバターのようなコクがあり、りんごと相性抜群。この地では、タルト・タタン（P123）やフォンデュにつかわれるほか、シードルのおつまみの定番。

バター、クリーム

西部のコタンタン半島にあるイジニーは、上質なバターとクリームの産地。温暖で雨に恵まれ、カロチン（黄色色素）の豊富な牧草地が育つ。その草を食べる牛のミルクからできるバターは、美しい黄金色に輝く。なめらかでナッツのような深い風味は、ルイ15世の時代にはパリで評判を呼び、最高値で取引されていた。この地ではバターとチーズを用いた料理が多く、17世紀の料理人ラ・ヴァレンヌ（P20）も、「ノルマンディー人は、ほとんどの料理にクリームをつかう」と記している。

プレ＝サレ仔羊

モン・サン＝ミシェル周辺からコタンタン半島に広がる低湿地帯には、「プレ＝サレ」と呼ばれる塩気を含んだ牧草地が点在する。一帯は潮の干満が激しく、大潮のときに牧草地は海水にさらされ、塩分とミネラル分が草にしみこむ。その草で育つのが、この羊。肉は、潮の香りとヘーゼルナッツのようなニュアンスの独特の風味をもつ。モン・サン＝ミシェル修道院では、この仔羊をセージ蒸しにするのが伝統。

舌平目、ホタテ貝

フランス料理でもっともつかわれる舌平目は、ノルマンディー産が最上。「舌平目のノルマンディー風」はクリーム系魚介料理の古典で、ムール貝や小エビをあしらい、シードルや生クリームをあわせたソースで仕立てる。また、この地はホタテの水揚げ量がフランスでもっとも多く、甘みとナッツのようなうまみが特徴。カルヴァドスとシードルで風味づけしたクリーム仕立ての「ホタテのオンフルール風」などで知られる。

ルーアン鴨

東部に位置する、ノルマンディー公国の都として栄えたルーアン原産。血ぬきをせずにちっ息させるため、血が体中にまわって肉は赤身がかり、肉質はきめが細かくやわらかで、野鴨に似た野性的な風味になる。伝統料理「仔鴨のルーアン風」は、ミディアムレアにローストした鴨をさばいて肉とガラにわけ、ガラから血や肉汁をしぼりだしてソースをつくり、肉にかけて仕上げたもの。パリの名門レストラン、トゥールダルジャンのスペシャリテでもある。

アンドゥイユ

内陸部のヴィール名産。ずんぐりと太く黒褐色をした、豚の胃腸の燻製ソーセージ（P77）。伝統的には、豚の小腸と大腸、胃を細長く切って豚の腸に詰めていぶし、スパイスをきかせたブイヨンで煮てから乾燥させてつくられる。中世から親しまれ、この地ではこの腸詰めをつくれることが良妻の条件のひとつだったという。スライスしてそのまま食べるほか、ポワレやポシェし、じゃがいものピュレとソテーしたりんごを添えて温製で食べる。

トゥルグル

牛乳、米、砂糖、シナモンをつかったライスプディング。専用のすり鉢状の器に入れ、かまでトロトロになるまで6時間ほど焼いてつくる。このお菓子が誕生したのは18世紀半ばの七年戦争のとき。敵対するイギリスの商船が積んでいた米を手に入れ、兵士がうえないように考案されたという。表面にできたこげ目を崩しながら熱々のうちに食べる。素朴なブリオッシュ「ファリュー」とシードルをあわせるのが定番。

カン風トリップ

西部のカンに古くから伝わる名物料理、牛の胃の煮こみ。1066年にイングランドを征服したノルマンディー公ウィリアムもトリップが大好物だったという。牛の4種の胃と足を、にんじんやセロリと一緒にシードルとカルヴァドスを加えて煮こんだ「カン風」は、14世紀にカンの修道士が原型を考案したとされる。伝統的には、トリピエールという専用の陶器の鍋で、10〜12時間とろ火でじっくり煮こむ。

ノルマンディー風エスカロップ

バターでソテーした仔牛の薄切り肉を、シードルとカルヴァドスを加えたクリームソースで仕上げた料理。鶏やウサギなどの白身肉でも同様につくられる。「ノルマンディー風」は、バターやクリーム、シードルやカルヴァドスをふんだんに用いてつくる料理。おすすめの牛肉は、カマンベールづくりにつかわれるミルクを生産するノルマン種。

海水魚

海水魚のおもな漁場は
フランス北部の英仏海峡から
ブルターニュ半島にかけての海域と
南西部の大西洋海域および地中海。
南部は漁獲高ではおとるが
高級魚が多くとれる。
北部ではバターやクリーム、
白ワイン、シードル（P64）、
南部ではオリーブオイル、にんにく、
トマトをあわせる料理が多い。

実は
フランス人は
魚をよく食べる!
世界消費量
平均のほぼ
2倍なんだ

北部の魚

舌平目
したびらめ

身は白く引きしまって繊細。古代ローマ時代より珍重されてきた。キュルノンスキー（P39）の言葉「舌平目はもっとも幅広く料理につかえる魚」を裏づけるように、「舌平目のムニエル」や、白ワインや香草との蒸し煮「デュグレレ風」（P19）を筆頭に、グリエしてブール・ブラン仕立てにしたり、すり身にしてムース仕立てにしたり、フライやクリーム仕立てにするなど、魚料理における調理法がもっとも多い。

ニシン

ノルマンディーのル・アーヴルと、ベルギー国境より10kmほどに位置するダンケルクがおもな漁港。塩漬けや燻製にしたものは、かつてこれらの地域の重要な保存食だった。白子か卵を抱いた10月から1月が、脂がのってもっとも美味。グリエやポワレ、紙包み焼き、オーブン焼きにする。塩漬けニシンのマリネを、ゆでたじゃがいもとあわせたサラダは、ビストロの定番。

エイ

フランスでは「レ・ブクレ」（イボガンギエイ）と呼ばれる、とげが尾にかけてある品種が一般的。食用はおもにひれ部分のみ。ゼラチン質に富んだ独特の食感と、繊細で淡白な味わい。ムニエルやポワレ、フライのほか、クール・ブイヨンでポシェし、ケッパーをちらしてブール・ノワールをかけた料理が代表格。

ビンチョウマグロ

体長1.5mほどの小型マグロ。身は淡いピンクで、脂が少なく身はしまっている。フランスではもっともおいしいマグロとして好まれる。なかでもブルターニュのロリアン港で水揚げされるものの評価が高い。高級ツナ缶として加工されることが多く、サラダやキッシュに用いる。夏から秋にかけての旬の時期には生のものが出まわり、クール・ブイヨンでポシェしたり、ステーキにする。

サバ

脂がかなりのっているため、フランスではグリエすることが多いが、レモン果汁やヴィネガーを加えてポシェしたり、マスタードを塗って紙包み焼きにすることも。英仏海峡でとれる小型が好まれ、新鮮なものはマリネ仕立てが定番。燻製サバも親しまれており、ブレゼやポワレのほか、じゃがいもやレンズ豆（P112）とあわせてサラダにすることも。

アンコウ

グロテスクな姿から、「ディアブル」（悪魔）や「クラポー」（ヒキガエル）という異名も。通常は頭と皮を落としたむき身の状態で売られる。脂が少なく繊細な味わい。小骨がなく調理しても身崩れせず、ソテーや串焼き、ローストなど、肉と同じように調理されることが多い。肝も珍重され、バター焼きにする。

タラ

一般的な大西洋ダラは、生（または冷凍）のものは「カビヨー」、塩漬けや干したものは「モリュ」と呼ばれる。生の身は淡白なため、フライにしたり、トマトソース煮こみやグラタンにすることが多いが、オーブン焼きやムニエルも好まれる。同じくタラ科の魚のメルランやメルルーサ、リューもよく用いられる。

南部の魚

ルジェ・バルベ、ルジェ・グロンダン

赤い色をした地中海を代表する高級魚。ヒメジの仲間で長い口ひげが特徴のバルベは、淡白な白身。ローストやグリエ、ムニエルなどに調理される。ホウボウの仲間で頭が大きなグロンダンは、食べられる部分は少ないが、うまみに富む。魚のスープやブイヤベース（P71）などに。

スズキ

舌平目と並んでよく用いられる高級魚。淡白で繊細な風味が特徴。獰猛で多くの魚を食べるため、南仏では「ルー・ド・メール」（海のオオカミ）の異名も。漁獲高は地中海がまさるが、北大西洋産のほうが、身がしまっていて美味。ハーブとグリエやローストにするほか、パイ包みや塩がま焼きなど、丸ごと調理することも多い。

鯛

地中海ではドーラッド・ロワイヤル（ヨーロッパヒラダイ）がとれ、この地域の料理によく用いられる。クセがなく上品なうまみがあり、トマトやハーブと丸ごとローストする「プロヴァンス風」や塩がま焼き、フィレにおろしてポワレや蒸し焼きにする。

マグロ

地中海でとれる本マグロは8月初旬が旬。鮮魚店には筒切りの状態で並び、南仏ではトマトやパプリカなどの野菜とグリエやポワレし、エルブ・ド・プロヴァンス（P71）で風味づけする。バーベキューの食材としても好まれる。近年は、すしのネタや刺身として、あるいはカルパッチョやタルタルとして生でもよく食される。

イワシ、カタクチイワシ

どちらも地中海沿岸地域ではとてもなじみ深い。イワシは、新鮮なものを丸ごと網焼きにする「サルディナード」が伝統だが、詰めものをしてローストしたり、タルトの具材として用いるのも一般的。オイル漬けにしたオイルサーディン（P51）は、ブルターニュが本場。カタクチイワシは、塩漬けやオイル漬けのアンチョビとして消費されることが多いが、南仏やコルシカでは、旬の夏に生をマリネにしてよく食べる。アンチョビはプロヴァンス料理を特徴づける食材のひとつ。

カサゴ

頭部やヒレに毒針をもつ大きな赤い魚。トゲトゲしたいかつい見た目とは違い、淡白な味わいの白身で、身はしまっている。地中海を代表する魚のひとつで、ブイヤベースやスープに欠かせない。ブレゼや包み焼き、グリエなど、的鯛（下）と同様に調理するが、トマトやパプリカなど南仏でよくとれる野菜をあわせることが多い。

北部と南部の魚

的鯛

フランス名「サン＝ピエール」（聖ペテロ）は、横腹にある黒いはん点が、聖ペテロがつかんだ跡といわれることから。頭と内臓が大きく食べる部分は少ないが、うまみのある上品な味わいの高級魚。ブレゼや包み焼き、グリエによく用いられる。南部ではトマトやハーブをあわせることが多く、ブイヤベースにも欠かせない。

ヒラメ

高級魚の代表格。身はしまって歯ごたえがあり、繊細で上品な味わい。大型の「テュルボ」と、小型の「バルビュ」がおもに用いられるが、前者のほうが美味。ポシェしてソース・オランデーズをかけたり、グリエしてソース・ベアルネーズをかける。ロースト、ポワレ、包み焼きなど、舌平目と同様に調理される。

サーモン

フランスで天然サーモンといえば大西洋産。昔はロワール川でもとれたが、今では漁獲高が減り、1kgが100ユーロ前後の超高級魚。クール・ブイヨンでゆで煮にしてブール・ブランをかけたり、シャンパーニュやワインで蒸し煮にする。生でタルタルやマリネにしたり、グリエや包み焼きなどにしたり、スモークサーモンに仕立てたりする。

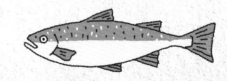

5

偉大な豊穣の大地
ブルゴーニュ

北はシャブリから南はマコンまでブドウ畑が広がり、ワインの有名な産地。
かつてブルゴーニュ公国が栄え、北海から地中海を結ぶ
交易の要所として古くから美酒と美食が育まれてきた。

BOURGOGNE

ぜんぶ修道院士がつくりました

キリスト教においてワインは「キリストの血」を意味し、中世の
ヨーロッパでは、修道院でワインづくりが大きく発展。10～11
世紀に有力な修道院のクリュニー修道院とシトー修道院が誕生し、
この地のワインの歴史の礎が築かれた。修道士たちは、ブドウ
栽培とワイン醸造だけでなく、農業や酪農に力をつくし、山羊の
ミルクからチーズをつくり、いけすで淡水魚を飼い、養蜂を行い、
薬草から薬や砂糖菓子をも生みだした。豊かな食文化は、これら
修道院なくして生まれなかっただろう。

黄金の大地に育まれて

ワイン

シャブリ、コート・ド・ニュイ、コート・ド・ボー
ヌ、コート・シャロネーズ、マコネの5地区に
わかれ、おもにシャルドネ種とピノ・ノワール種
のブドウから、白と赤の100をこえるAOP（P89）
ワインと、世界に名だたる高級ワインが誕生。複
雑な品質等級はグラン・クリュを最上位に、プル
ミエクリュ、村名AOP、地方名AOPとつづく。

エスカルゴ

古代ローマ時代から養殖が行われ、中世には王家の食卓に
登場。国王アンリ2世の大好物だったという。この地のエ
スカルゴは「ぶどう畑のエスカルゴ」と呼ばれ、黄褐色
の殻にしまが入った4～5cmの大粒品種。身はしまって
弾力があり、風味が強い。にんにくとパセリ、エシャロッ
ト（P105）をきかせたエスカルゴバターを殻に詰めて焼
くのが「ブルゴーニュ風」。「ディジョン風」
はメートル・ドテル・バターをつかう。

マール・ド・ブルゴーニュ

ワインをつくるときにでるブドウのしぼりかす（果皮、種、
茎）を発酵させ、蒸留してつくるブランデー。古くから庶
民の酒として親しまれ、フランス各地のワイン産地で製
造されているが、品質はさまざまだ。ブルゴーニュ製は、
IGP（P89）で製造条件が定められており、ワインに匹敵
するほど評価が高い。芳香成分が多く含まれるため香りが
強く、食後酒としてたのしむほか、料理にも用いられる。

シャロレー牛

南西部のシャロールで育まれるクリーム色を帯びた牛。フランスを代
表する牛のひとつ（P68）。しっかりとした肉質で歯ごたえがあって
美味。18世紀にはパリでも評判になった。「牛肉のブルゴーニュ風赤
ワイン煮こみ」は代表料理。角切りにし
た肉を赤ワインでマリネし、ベーコンや
野菜とほろほろになるまで煮こむ。昔は
2kgほどの肉をかたまりのまま豪快に
煮こんでいた。タルタルにもおすすめ。

カエル

かつては南部のドンブ湿地で豊富にとれたが、現在は保護種のため、天然ものはレストランでの提供は禁止されている。筋肉の発達した足の部分が食用。味わいは鶏肉に似て、淡白で繊細。地元では、ポワレしてパセリか生クリーム、エスカルゴバターでシンプルに調理される。「カエルのもも肉のにんにくのピュレとパセリソース仕立て」は、この地を代表するヌーヴェル・キュイジーヌの旗手、ロワゾー（P35）のスペシャリテ。

ブレス鶏

豊かな平原が広がる東部のブレスは、とうもろこしの一大産地にして、クリームやバターなど乳製品の有名産地。これらをエサに育つブレス鶏は地鶏の最高峰。肉はしまりつつも霜降り状でまろやか。地元の三つ星シェフのジョルジュ・ブランもほれこんでおり、「ブレス鶏のクリーム煮」がスペシャリテ。この地では、マスタードとパプリカ風味のクリーム煮こみや、赤ワイン煮にも用いる。

カシス

中世に修道士が葉の薬効に着目し、自生していたカシスを栽培したのがはじまり。ワインの銘醸地、南部の肥よくなコート・ドール（黄金の丘陵）で栽培が盛ん。ノワール・ド・ブルゴーニュなど香り高く芳醇な古い品種がおもで、旬は夏。多くはクレーム・ド・カシス（P65）を代表とするカシスリキュールに加工される。このリキュールを地元原産のアリゴテ種の白ワインで割ったキールは、アペリティフの定番カクテル。

ジャンボン・ペルシエ

ブルゴーニュの前菜の定番、ハムのピンクとパセリの緑色が美しいゼリー寄せ。煮こんで角切りにしたハムと仔牛や豚の足を、たっぷりのパセリ、白ワインやヴィネガーで風味づけしたブイヨンと一緒にテリーヌ型（P77）で煮こごり状にかためる。中世からつくられており、冬のあいだ塩漬けにして保存していた豚のあまり肉を、復活祭に調理して食べたことから、「復活祭のハム」の名でも親しまれている。

マスタード

ディジョンを首都とするブルゴーニュに伝わり、12世紀には製造がはじまった。18世紀半ば、酢のかわりに「ヴェルジュ」という酸味の強い未発酵のブドウ果汁を用いることで風味を発展させ、その名を不動のものにした。「ディジョン風ウサギのソテー」を筆頭に、この地では肉料理にマスタードをあわせることが多く、「ディジョン風」といえば、マスタードをつかう料理のこと。

エポワス

ナポレオンに愛され、ブリア＝サヴァラン（P39）から「チーズの王」と評された、ウォッシュチーズ（P117）の傑作。16世紀初頭にシトー派の修道士が生みだしたという。塩水で洗ったあと、マール・ド・ブルゴーニュで洗いながら熟成させるのが特徴。においは強烈だが、オレンジ色の表皮からクリーミーでマイルドな風味が広がる。トロトロになるまで熟成したら食べごろ。マールとたのしんだり、タルトやキッシュに用いる。

ノネット

はちみつとスパイスの入った焼き菓子パン・デピス（P63）は、各地にある古いお菓子。この地では「ノネット」と呼ばれ、その歴史は14世紀にはじまる。ほかの地域のようにライ麦ではなく小麦粉を用い、グリーンアニスをつかう小さくて丸いケーキタイプ。なかにオレンジのジャムを入れ、表面に砂糖をかける。パン・デピスはクセのある肉と相性がよく、鴨やジビエ（P84）料理に添えたり、ソースの風味づけに加えることもある。

川魚

東部を流れるソーヌ川は、カワカマスやカワスズキ、タンシュ（コイの一種）など川魚の宝庫。これらの魚を白ワインで煮こんだ名物の「ポシューズ」のほか、アブレットという魚のフライも「ソーヌ川のフライ」の名で親しまれている。

グジェール

シュー生地にコンテ（P118）やグリュイエール（P118）などのチーズを混ぜこみ、ナツメグで風味をつけ、ひと口サイズにして焼いた塩味のプチシュー。この地のワインカーブではテイスティングのおつまみとして登場。ワインにぴったりのおいしさだ。

淡水魚

昔は河川流域の地域で日常的にとれ
広く親しまれていたが
現在は環境破壊などの影響により
天然ものは希少。
淡水魚特有の調理法には
「オ・ブルー仕立て」という
酢入りのクール・ブイヨンで
丸ごとゆでるものがある。

セーヌ川で魚つり!

キリスト教の四旬節（し じゅんせつ）や金曜日などに、肉食が禁止されて
いた大昔には、一年のほぼ3分の1は断食を余儀なくさ
れていたため、パリの人々はよく川魚を食べた。セーヌ
川とその支流には、ウナギやマス、カワカマス、サー
モン、チョウザメにいたるまで、魚が豊富にいた
のだ。12世紀になると、修道士たちはパリ周辺の
修道院に人工池をつくり、いけすで淡水魚の養
殖に取り組むようになったという。

マス

ヨーロッパ原産の「ブラウントラウト」は、かつ
てフランスでもっとも親しまれていた魚だった。
乱獲により数が減ったため、19世紀後半に北米
原産のニジマスの養殖がはじまる。現在、天然マ
スの販売は禁止されており、出まわるもののほと
んどが養殖。オ・ブルー仕立てやムニエルによく
用いられる。近年は海外産養殖サーモンのかわり
に、南西部バスクの養殖マスが注目されている。

カワカマス

川や湖に生息する細長くて大型の魚。白くてよく
しまった身は繊細な味わい。ロワール川産やロー
ヌ川産の評価が高く、小型のものがより美味。ク
ール・ブイヨンでゆでか煮かワインで蒸し煮にし、
ブール・ブランを添えるのが定番。大型のものは
やや大味なので、すり身にしてリヨン名物のクネ
ルやテリーヌ（P77）にすることが多い。

ウナギ

かつてはなじみのある魚だったが、現在は地方料
理か高級料理でしかお目にかかれない。ぶつ切り
にして赤ワインで煮こむ「マトロート」は古典料
理。クール・ブイヨンでゆでてブール・ブランを
かけたり、グリエやソテーにする。コルシカでは
フライ、北部ではシードル（P64）煮こみやパテ
に。鮮魚は少ないが、燻製はスーパーでも入手
しやすく、サラダやキッシュにする。

エペルラン

ワカサギに似た10～20㎝小型の魚。河口と沿
岸域に生息。細長い円筒形のフォルムに銀色のう
ろこがある。きゅうりに似た青々とした香りがあ
り、日本では「キュウリウオ」と呼ばれる。産卵
のために川をのぼる春に一番まわるが、夏のお
わりのものが最上。塩とこしょうをし、牛乳と小
麦粉で衣をつけて揚げ、レモンをしぼって食べる
この魚のシンプルなフライは、フランスの魚料理
で最高においしいもののひとつ。

コイ

2000年以上前に、ローマ人によってフランスに
もたらされたという。中世に修道士によって広く
養殖され、王家の食卓にもたびたびのぼった。ア
ルザスでは今もコイを食べる伝統が根強い。「コ
イのシャンボール城風」といえば、エクルヴィス
（P66）などを詰めて、赤ワインで蒸し煮にした
料理。ローストやゆで煮、オ・ブルー仕立てなど、
多彩な調理法でたのしまれる。

サンドル

スズキ科の大型淡水魚。川や湖池に生息。しまった
白い身は繊細で、やわらかくとろけるよう。ロ
ワール川流域産が知られ、辛口白ワインのヴーヴ
レをふり、ローストする料理が名物。アルザスで
はポワレし、シュークルート（P63）をつけあ
わせにする。ブイヨンでゆで煮にした「ブール・
ブラン仕立て」や、すり身にしてクネルにするな
ど、カワカマスと同様に調理されるが、きのこや
玉ねぎを風味づけに加
えることが多い。

そしてバターは
フランス料理の象徴になった！

ノルマンディーにあるルーアン大聖堂。もっとも美しい塔は「バターの塔」と呼ばれ、画家のクロード・モネも愛したことで知られている。かつてキリスト教徒は、四旬節のあいだ肉や動物性食品を食べることができなかったが、これには牛のミルクからつくられるバターも含まれていた。特別にバターを食べる許可をもらうかわりに、塔の建設費の一部を寄付したことから、この名がついたといわれている。

バターがフランス料理に広くつかわれるようになったのは15世紀から16世紀にかけてのこと。貴族やブルジョワの好みが変化し、それまで主流だったスパイスをきかせた料理よりも、マイルドで甘い風味が好まれるようになったのだった。このためバターの消費が飛躍的に増え、ノルマンディーの牛飼い農家はとても豊かになったという。

17世紀には、この地のコタンタン半島と、イジニー・シュル・メール周辺のベッサン、グルネイ・アン・ブレイ周辺のブレイで、すぐれたバターが生産されるようになる。18世紀のルイ15世の時代には、パリで販売されるフレッシュバターの55％、有塩バターの90％がノルマンディー産となり、イジニーとグルネイのバターがもっとも高値で取引されたという。

やがて鉄道が開通して流通が発達すると、ノルマンディー以外の地域でもバター製造が盛んになった。バターは庶民の手の届く食材となり、日常的につかわれるように。さらに、17世紀末から1970年代にかけて発展した高級料理に欠かせないものとなり、バターはフランス料理の象徴となった。

強い郷土愛が生む個性
アルザス

古代からゲルマン民族が暮らし、ドイツの文化圏に属していたこの地は
17世紀にフランスになると、ふたつの文化が入り混じる独特な文化が形づくられた。
そのため食文化においても、独自性が際立っている。

ALSACE

アルザス語はドイツ語

フランス北東部に位置するアルザスは、国内で一番小さな地域。ドイツ領だったときもあり、今でも郷土の料理やお菓子の多くに、ドイツ語方言であるアルザス語がつかわれている。温暖で降水量が少なく、多様性のある土壌のおかげでワインの産地としても名高い。

ドイツとフランスのいいとこどり

ワイン

アルザスワインの9割が、辛口または甘口で、ひとつのブドウ品種からつくられる白ワイン。51のリューディー（小地区）がAOP（P89）アルザス・グラン・クリュに認定されている。品質等級は、グラン・クリュを筆頭に、AOPアルザス、IGP（P89）とつづく。「アルザス型」と呼ばれる細いボトルも特徴のひとつ。

ビール

中世から修道院を中心にビール醸造が盛ん。クローネンブルグに代表される4大醸造所だけで、国内のビール生産量の60％を占める。軽い口あたりとほのかな苦みの「ブロンドビール」（金ビール）や、フルーティーな「ホワイトビール」（白ビール）が主流。ソーセージのおともに欠かせず、アペリティフにも日常的に飲まれる。「ビールスープ」や「ビール風味の豚すね肉のロースト」など料理にもつかわれる。

マンステール

アルザスとローレヌの境界、ヴォージュ山脈に7世紀ごろに移り住んだアイルランド系の修道士たちがつくりはじめたチーズ（P117）。塩水で表面を洗い流すウォッシュタイプ特有の強烈な香りを放つが、味わいはマイルドでクリーミー。ほかにウッディなアロマを帯びたミルクのコクが広がる。地元ではクミンやキャラウェイをかけて食べる。タルトやグラタン、アルザス風ピザ「タルト・フランベ」などの料理にも用いる。

コイ

コイを養殖する風習は、中世の修道院で広まり、アルザスには12世紀に伝わった。南部のスンゴーは今でもコイの食文化が息づき、コイ料理を提供する二十数軒の店が、「コイのフライ街道」をPRするほど。衣をつけて揚げ、レモンをしぼり、マヨネーズで食べる。ほかにも切り身のビール煮や、ブイヨンでポシェしたコイをジュレ状のソースで仕上げた「ユダヤ風」などの名物料理もある。

ガチョウ、フォワグラ

ユダヤの食文化の影響で、古くからガチョウ（P100）の飼育とフォワグラ（P100）づくりが盛ん。フォワグラを仔牛肉や豚の背脂でおおい、パイ生地で包んだ「フォワグラのパテ・アン・クルート（P77）」は、18世紀末からの名物料理。ルイ16世も気に入っていたという。以来、北部のストラスブールは、フォワグラの名産地として地位を確立した。ガチョウ肉は、シュークルート（下）や砂肝のスープなどにも用いられる。

シュークルート

塩漬けキャベツを発酵させた伝統保存食、いわゆるザワークラウト。15世紀には修道院で食べられていたといわれ、長く厳しい冬のビタミンCの重要な摂取源として根づいた。伝統的には、地元の大型の白キャベツに、粗塩とジュニパーベリーを加えて樽に詰め、3週間ほど発酵させてつくる。料理のつけあわせのほか、肉やソーセージ、じゃがいもと一緒に煮こむ。この煮こみ料理も「シュークルート」と呼ばれ、代表的な郷土料理となっている。

ベッコフ

牛肉、豚肉、羊肉など複数の肉を、にんじんやじゃがいも、香辛料、辛口白ワインと数時間オーブンで煮こんだ郷土料理の代表格。昔は陶製のテリーヌ型（P77）に材料を入れてパン屋にもっていくと、パン生地で封をし、かまでパンと一緒に焼いてくれたという。そのため、「ベッコフ」（パン屋のかま）と呼ぶ。当時、多く住んでいたユダヤ教徒の安息日の料理「チョレント」がルーツだという。

ブレッツェル

8の字のような形をしたパン。生地を熱湯にくぐらせてから、粗塩とキャラウェイシードをふって焼くことで、皮はパリッと、なかはもっちりに。12世紀には修道院でつくられていたといわれる一方で、古くからフランスでこのパンの原型がつくられていることから、16世紀末のナントの勅令後に亡命したプロテスタント教徒がドイツにもたらし、アルザスに逆輸入されたという説も。なにはともあれ、地元ではビールの大切なおともだ。

パスタ

ほかの地域と異なり、アルザスでは中世からパスタ文化が発展した。卵をたっぷりつかうのがアルザス流。伝統的には粉1kgに対して卵7個。めんタイプのほか、「シュペッツレ」や「クネップフラ」と呼ばれる素朴なニョッキタイプがある。ゆるい生地を専用のおろし金やスプーンをつかって湯に落としてゆで、こがしバターであえて前菜にしたり、ソース仕立ての肉料理のつけあわせやグラタンにする。

クグロフ

レーズン入りのブリオッシュ生地にアーモンドをちらし、斜めにうねの入った王冠形の陶器で焼く伝統菓子。当初はビール酵母で発酵させた生地を用いたため、ドイツ語の「Kugel」（球）と「Hopfen」（ホップ）が名前の由来だとか。マリー＝アントワネットもこよなく愛したという。クリスマスや公現祭、婚礼などに欠かせないお祝いのお菓子だったが、現在では日曜日の朝食に家族そろって食べるのが習慣。地元の白ワインとも好相性。

パン・デピス

アルザスでは、やわらかいクッキータイプが主流。中世にクリスマスやサン＝ニコラ祭を彩るお祝いのお菓子として広まった。ライ麦と小麦粉をベースに、シナモンやクローブ、カルダモンなど複数のスパイスと、栗など個性の強いはちみつをつかい、人形や星、雪やハートに型ぬきする。アイシングでデコレーションし、ツリーのオーナメントにすることもある。

アルコール

フランス料理では飲むためだけでなく
さまざまな料理の味つけや香りづけ、
食材のくさみ消しとしてアルコールを用いる。
生産地ならではの逸品で
郷土色豊かな料理を演出することもある。

デグラッセしてみよう

フランス料理で「デグラッセ」といえば、肉などを焼いたのち、鍋底にこびりついたうまみをワインやブランデーなどを加えてこそげ落とし、煮とかしながらのばすこと。この汁を煮詰めてうまみを凝縮し、ローストの焼き汁としたり、ソースのベースとして用いる。

フランスの醸造酒

ワイン

ブドウ果汁を発酵させたお酒。料理につかわれるのはおもに赤と白で、とりわけ辛口を用いる。フランス料理でもっとも出番が多く、材料をマリネする漬け汁に用いるほか、材料を煮こむソースのメインとしたり、肉料理や魚料理にあわせるソースの香りづけにしたりと用途は広い。北部では白ワインをつかった魚介料理、南西部では白ワインをつかった肉料理、ブルゴーニュやボルドーでは赤ワインをつかった煮こみ料理が多い。

ヴェルモット

白ワインをベースに、ニガヨモギなど数十種類のハーブやスパイスを漬けこんで香りを移し、甘みを加えたお酒。フランス発祥の辛口と、イタリア発祥の甘口があり、おもに食前酒として飲まれる。料理には辛口が用いられ、クリームに加えて仕上げた「ヴェルモットソース」は、魚介料理の代表的なソース。鶏や仔牛とも相性がよく、これらをつかった料理の煮こみ汁やソースなどにも用いられる。

シードル

りんご果汁を自然発酵させてつくる発泡酒。ノルマンディーとブルターニュの名産。一般的にはりんご100%だが、洋なしがブレンドされることもある。洋なしからつくるシードルもあり、「ポワレ」（P54）という。ブルターニュでは名物のそば粉の「ガレット」にあわせるが、ノルマンディーでは舌平目やホタテなどの魚介類から、牛、鶏、豚、羊、ウナギまであらゆる料理に用いる。

フランス料理でつかわれる醸造酒

シェリー

スペイン南部アンダルシアのヘレス周辺でつくられる白ワインの一種。ワインの発酵途中または完了後、蒸留酒を添加してアルコール度数をあげた酒精強化ワインだ。ナッツのような香ばしい風味が特徴。極甘口から辛口までさまざまなタイプがあり、料理には「フィノ」や「マンサニーリャ」「アモンティリャード」など辛口を用いる。ポタージュやソースの風味づけ、若鶏や仔牛など白身肉のソテーや魚介料理につかわれる。

ポートワイン

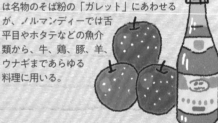

ポルトガル産のデザートワイン、ポルト酒。発酵途中に蒸留酒を添加して発酵をとめ、甘口に仕上げた酒精強化ワインで、黒ブドウが原料の「レッドポート」と、白ブドウが原料の「ホワイトポート」がある。料理にはレッドポートのうち、熟成度が若い「ルビーポート」を用いる。甘くフルーティーな風味が肉と相性がよく、フォワグラ（P100）のテリーヌ（P77）やハム、家禽やジビエ（P84）料理、ソースやポタージュ、煮こみ料理の風味づけに。

マデイラ酒

モロッコ沖の北大西洋に浮かぶポルトガル領のマデイラ島で生産される酒精強化ワイン。蒸留酒を発酵の途中で加えて甘口に仕上げたものから、発酵後に加えて辛口に仕上げたものまで、タイプはさまざま。料理には、甘きのなかにこげたような香りがある甘口を、ポートワインと同様につかう。フォン・ド・ヴォーとあわせた「マデイラソース」は、肉料理のソースとしてよく用いられる。

フランスの蒸留酒

コニャック、アルマニャック

コニャック（P82）はポワトゥー＝シャラントでつくられる、オー・ド・ヴィ（ブランデー）。白ワインを単式蒸留器で2回蒸留し、樽で最低2年以上熟成させるため、まろやかで複雑な風味。肉のマリネの漬け汁に用いたり、グリエした肉やエビをフランベして仕上げたり、お菓子の香りづけに用いる。南西部でつくられるアルマニャック（P106）は蒸留が1回。より野性味あふれる独特の香りで、とりわけジビエ料理のソースやお菓子に用いられる。

カルヴァドス

ノルマンディーのりんごのブランデー（P54）。シードルを蒸留し、樽で最低2年熟成してつくられる。シードルともども料理に多用される。「カルヴァドス」という名称は、AOC（P89）が定める地域と製造過程の基準を満たしたものだけにつけられる。

フランス料理でつかわれる蒸留酒

ラム酒

西インド諸島原産のサトウキビが原料。サトウキビのしぼり汁をつかう「アグリコール・ラム」と、砂糖を製造する際にでるしぼりかす（糖蜜）をつかう「インダストリアル・ラム」がある。さらに、これらを発酵・蒸留してつくる未熟製の「ホワイトラム」と、熟成させた褐色の「アンバーラム」にわかれる。ホワイトはおもにカクテルにつかわれ、アンバーはお菓子やデザートの香りづけに欠かせず、昔はふんだんにつかわれた。

フランスのリキュール

パスティス

南仏マルセイユ発祥の、アニスと甘草で香りづけしたリキュール。アルコール度数40～45℃で甘みは少ない。通常は水で割って氷を加えて飲む。さっぱりとした清涼感で、南仏の夏を彩るアペリティフの定番。地中海沿岸の料理にも欠かせず、ブイヤベース（P71）の風味づけのほか、グリエした魚の仕上げにフランベする際や、魚料理やソースによくつかわれる。「リカール」と「ペルノ」が代表的な2大ブランド。

グラン・マルニエ

まろやかで香り高いオレンジのリキュール。ビターオレンジの皮をアルコールにひたしてつくった蒸留酒を、コニャックと混ぜ、数か月樽で熟成させる。クレープをフランベした「クレープ・シュゼット」（P31）など、お菓子やデザートの香りづけにつかわれる。「鴨のオレンジソース」など、オレンジをつかった料理にも用いられる。同じくオレンジリキュールの「コアントロー」は、甘みが少なく、カクテルに用いられることが多い。

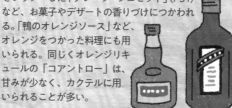

クレーム・ド・カシス

ブルゴーニュのカシス風味のリキュール。白ワインで割った「キール」はポピュラーな食前酒。赤ワインやシャンパーニュで割ることもある。お菓子の香りづけのほか、肉のソースなどにも用いられる。フランスには、チェリーや洋なしなど、「クレーム」とつくフルーツのリキュールがあるが、糖分を25％以上含むものをいう（カシスのみ40％以上）。

ワインがおいしいほどヴィネガーもおいしい

フランス料理でもっともつかわれるヴィネガーは、ワインヴィネガー。そのクオリティーは原料のワイン次第だ。シードルやシャンパーニュのヴィネガー、フルーツやハーブで香りをつけたヴィネガーも用いられる。

白ワインヴィネガー
さわやかな酸味と風味。にんじんなど歯ごたえのある野菜のサラダのドレッシングや、肉や魚のマリネ用の漬け汁、鶏など白身の肉を焼いたあとのデグラッセ、魚介類用のクール・ブイヨン、ブール・ブランやソース・ベアルネーズ、ソース・オランデーズ、ブール・ノワゼットに用いる。

赤ワインヴィネガー
赤ワイン由来のコクとかすかな渋みがあり、赤身肉と好相性。仔牛のレバーに加えて風味を高めたり、牛など赤身肉を焼いたあとのデグラッセにつかう。鹿料理によく用いるこしょうのきいた「ソース・ポワヴラード」や、サラダ菜やきゅうりのあっさりしたサラダのドレッシングにも。

大公の探求心のたまもの
ロレーヌ

この地はお隣のアルザスと同じく
ドイツ領となったりフランス領となったりしたため、食文化も両国の影響が色濃い。
ロレーヌの美食は、スタニスラス大公の食への飽くなき探求心の影響も大きい。

LORRAINE

豊かな森を探険

ドイツとルクセンブルグと国境を接するロレーヌは、フランスでもっとも森林に恵まれた地域。アルザスと同じくゲルマン民族をルーツにもち、鉄鉱石と石炭をめぐってドイツ領になったこともある。豊かな土壌により、レアなワインがつくられる地としても知られている。

エクルヴィスバターをつくってみよう
バター250gを湯せんでとかし、エクルヴィスのガラ（足と爪を含む）250gを加え、そのままおいて香りを移す。このあいだ、時折かき混ぜる。バターが色づき香りがついたらこし、冷蔵庫に入れて冷やす。

食いしん坊大公に感謝！

ワイン

フランスのブドウ栽培の北限とされ、アルザスとのあいだに連なるヴォージュ山脈の西にブドウ畑が広がる。小さな生産地ながら、オレンジやコッパーがかった薄いロゼ色の「ヴァン・グリ」（灰色ワイン）など、個性豊かなワインを生みだしている。この黒ブドウのガメイ種主体の白ワインは、ブドウをマセラシオン（浸漬）せずに破砕し、果汁のみを発酵させてつくる。カシスやレッドカラントを思わせるフローラルな風味が魅力。

エクルヴィス

淡水に生息するヨーロッパザリガニ。中世から食べられている。ロレーヌはフランスで唯一、「赤足」「白足」「トレント」と呼ばれる3種の在来種が生息する。絶滅危惧種に指定されていることから、市場には養殖が出まわる。赤足がもっとも美味とされ、身は繊細で味わい深い。グラタンや、にんにく風味のバターソース仕立てが定番。殻はソース・ナンチュアやエクルヴィスバター、ビスクに用いる。

ロレーヌ岩塩

東部ソルノワは古くから「塩の国」として知られていた。塩分濃度の高い水脈と塩山があるため製塩業が盛んになり、16世紀末に絶頂期を迎えた。1663年にフランス領になると、塩山の採掘は下火になったが、19世紀に東部ナンシー近郊のヴァランジェヴィルで再開され、製塩業は復活した。サラサラの結晶で料理にとけやすく、まろやかな食感をもたらす。

フュゾー

岩塩が豊富なロレーヌでは中世以来、塩は広く豚肉の保存に用いられてきた。17世紀には肉を塩漬けして燻製にする技術が確立する。フュゾーは、この技術の最高峰とされるソフトタイプのドライソーセージ。豚の腸にスパイスやワインで風味づけしたミンチを詰め、乾燥させてからブナなどのおがくずでいぶす。スライスしてアペリティフや前菜として、温製でじゃがいもやラクレット（P103）にあわせて食べる。

ミラベルプラム

黄金色に輝く小粒の西洋スモモ。香り高く、甘みが強くてジューシー。15世紀にロレーヌ公ルネ1世がもたらしたといわれる。20世紀初頭に害虫被害でブドウ畑が壊滅した際、ブドウのかわりに植えられ、この地を象徴するフルーツに。旬は8月半ばから1か月と短い。生食のほか、タルトやフラン（P122）、クラフティ（P121）に似た焼きっぱなしの郷土菓子「ト・フェ」、ジャムや砂糖漬け、蒸留酒に用いられる。

グロゼイユ

レッドカラント。赤い実がブドウのようにふさ状に実る。12世紀ごろから各地の庭園を彩り、この地で栽培がはじまった。酸味が強く、ジャムやシロップ、ソースなどに加工され、フォワグラ（P100）や肉料理にあわせることも。西部バル＝ル＝デューック名産のジュレは、ガチョウの羽根でこの実の種子をとりのぞくという手間の末に生まれ、14世紀から今日まで高い評価を得ている。

ピサンリ

ギザギザした葉から「ライオンの歯」とも呼ばれる西洋タンポポ。昔は身近な野草としてフランス全土でよく食べられていた。ほろ苦さのある若葉を食べる。にんにくをこすりつけたクルトンとベーコンを加えたサラダにするのが一般的。ロレーヌでいち早く栽培がはじまったことから、今もこのサラダは人気があり、熱々のドレッシングをかけるのが伝統。野生種は2月から3月が旬だが、栽培種は10月から3月に出まわる。

バルグカス

ロレーヌを代表するチーズといえば、お隣アルザスと同じくマンステール（P117）。ただし、ロレーヌでは「マンステール・ジェロメ」と呼ぶ。バルグカスは、マンステールと同じヴォージュ山脈一帯の生産農家でつくられる、グリュイエール（P118）に似たチーズだ。味わいはマイルドで繊細、アロマは野生のブルーベリーを思わせる。白ワインのアペリティフとして、フォンデュやラクレット、グラタンにつかわれる。

キッシュ・ロレーヌ

とき卵とクリームにベーコンやチーズなどの具材を加え、パイ生地に流しこんで焼いた惣菜パイ。ロレーヌ公シャルル3世のもとで16世紀に誕生したという。もとはパン生地に卵とクリームを混ぜたものを広げて焼いたパンだった。18世紀にバターをつかった生地となり、ベーコンが加わって、19世紀初頭に現在の形に。今やフランスを代表するパイであり、前菜やアペリティフの定番。古典的なレシピではチーズは入らない。

ロレーヌ風パテ

パセリやエシャロット（P105）と、ワインでマリネした豚の肩ロースと仔牛の内もも肉を、長方形の生地で包み、表面に飾り模様をあしらったパイ。ナンシーの南東に位置するバカラ村が発祥。14世紀の宮廷料理人タイユヴァン（P12）が記した料理書『食物譜』（P8）で紹介されているほど、この地で古くから親しまれている。通常は温製でサラダなどを添えて前菜にする。

マドレーヌ

中世にマドレーヌという料理人が、スペインのサンチャゴへの巡礼のシンボルであるホタテ貝をかたどったケーキを考案したという説や、18世紀半ばにマドレーヌというメイドが、スタニスラス大公主催の晩さん会でホタテの貝殻でケーキを焼いたという説など、起源をめぐっては逸話がつきない。ともあれ、鉄道の発達によりマドレーヌは、北部コメルシーの銘菓として広まり、20世紀初頭には駅のホームでマドレーヌを売る娘たちの姿が風物詩となった。

ババ

ブリオッシュタイプの発酵生地に、ラム酒風味のシロップをしみこませたケーキ。18世紀、クグロフ（P63）はパサついて嫌だというスタニスラス大公のために、お抱え菓子職人のニコラ・ストレーがレーズンやサフラン、甘口ワインなどを加えてレシピを完成。大公の祖国ポーランドの「ババ」（老婆）と呼ばれるサフラン風味のケーキに着想を得たとか。やがてストレーはパリに店を開き、現在のようなラム酒風味のババを売りだし、大人気を博した。

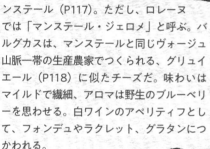

5つの有名品種

フランスでの牛肉の消費量は、年間ひとりあたり約23kg。生産量は約1900万頭、ヨーロッパ第1位を誇る。この数字を裏づけるかのように、各地でさまざまな種類の牛が育てられている。ここでは、名高い5つの品種を紹介しよう。

牛

牛肉は、長らく王侯貴族や
富裕層のためのぜいたく品だった。
現代となり、大戦後に経済が
成長するにつれて
広く食べられるようになった。
生活費を稼ぐことを
「ステーキ代を稼ぐ」というように
なったのも、そのころのことだ。

ノルマンディー種

ノルマンディー原産。白地に茶色や黒のまだら模様が入った大型牛。サシが適度に入り、味わいが強い。とりわけ仔牛は評価が高い。乳肉兼用の牛で、ミルクはバターやカマンベールチーズ（P118）などに用いられる。

シャロレー種

ブルゴーニュ南部シャロール原産（P58）。クリーム色で、額の毛がちぢれているのが特徴。赤身の色あいが濃く、脂肪がほとんどないのでタルタルに向く。国内外で交配用にも用いられている。国内生産量第1位。

ブロンド・ダキテーヌ種

アキテーヌ原産。「アキテーヌの黄金の牛」と呼ばれる大型牛。輝くベージュの毛に太く小さな角をもつ。赤くてかための肉質だが、熟成させるとやわらかさと香りがすばらしい。一時消滅しかけたが、地元の生産者の努力により復活。国内生産量第3位。

リムーザン種

リムーザン原産（P120）。ブラウンベージュの毛におおわれ、額にアーチ状の小さな角をもつ。肉は鮮やかな赤色で、シャロレー種より脂肪が少なくきめ細やか。国内外で交配用にも用いられている。国内生産量第2位。

サレール種

オーヴェルニュ南部サレール原産（P120）。深みのある赤茶色の巻き毛で、竪琴形の角が特徴。肉は鮮やかな赤色で、細かく脂肪が入った霜降り状。乳肉兼用の牛で、ミルクはサレールチーズ（P121）などにも用いられる。

料理につかう部位

フランスでは部位がかなり細かくわかれており、肉質に応じた調理法がある。大きくわけて、さっと焼くステーキなどに適した部位と、長時間かけて煮こむのに適した部位がある。おもな部位を紹介しよう。

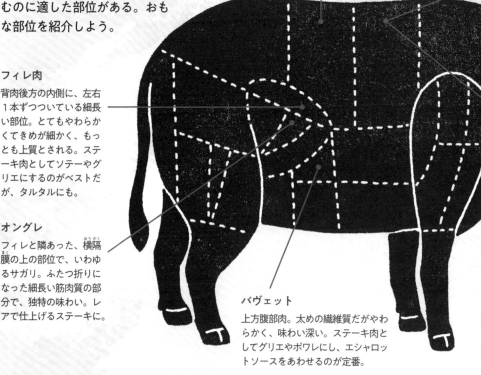

フォーフィレ
リブロースからつづく背肉後方の部位、いわゆるサーロイン。きめ細やかでやわらかく、風味のよい上質な赤身肉。分厚いステーキ肉として、グリエやポワレ、ローストに。ワイン風味のあわせバター「マルシャン・ド・ヴァン・バター」が定番のコンビ。タルタルにも。

コート
あばら骨つきの背肉を、骨ごと切りだした部位。仔羊や豚のものに比べて大きいので、ローストやグリエ、ソテーに。

フィレ肉
背肉後方の内側に、左右1本ずつついている細長い部位。とてもやわらかくてきめが細かく、もっとも上質とされる。ステーキ肉としてソテーやグリエにするのがベストだが、タルタルにも。

オングレ
フィレと隣あった、横隔膜の上の部位で、いわゆるサガリ。ふたつ折りになった細長い筋肉質の部分で、独特の味わい。レアで仕上げるステーキに。

バヴェット
上方腹部肉。太めの繊維質だがやわらかく、味わい深い。ステーキ肉としてグリエやポワレにし、エシャロットソースをあわせるのが定番。

アントルコート
コートから骨を取り除き、ひとり分150〜200gの厚身に切った、いわゆるリブロース。脂がのり、ほどよくサシが入って、やわらかい。ステーキ肉としてローストやグリエ、ソテーに。

ばら肉
胸から腹部にかけての部位。全体的にややかためだが、脂肪と赤身が交互に層をなし、濃厚な味わい。ポトフや「ブルゴーニュ風赤ワイン煮こみ」などの煮こみに。

仔牛の部位は呼び名が違う

フランスでは生後1年以内の離乳していない仔牛、とくに3〜6か月の仔牛が好まれる。肉は薄いピンクで脂肪が少なく、きめ細やかでやわらか。母乳だけで育ったものは「乳飲み仔牛」と呼ばれ、よりやわらかな肉質だ。

カジ
ももの上部肉。風味がよい。ステーキ肉としてローストや蒸し焼きに。薄くスライスし、グリエやソテーにも用いられる。

ジャレ
すね肉。すじは多いが、脂肪分が少なくゼラチン質に富み、骨には骨髄が含まれる。骨ごと煮こみやフォンに。「仔牛すね肉の煮こみ」が代表的。

リ・ド・ヴォー
胸腺。成長すると消滅してしまうため、希少部位として珍重される。ねっとりした食感ながら、上品な味わいでクセがない。きのこと好相性。蒸し焼きやポワレなどに。

ロニョン
腎臓。コリコリした独特の食感と、繊細なうまみがある。ココット鍋焼きやグリエ、ポワレなどに。煮こみにすることも。

古代文明をしのぶ
プロヴァンス＆コート・ダジュール

紀元前6世紀にギリシア人が植民地として築いたマルセイユを中心に
古代ギリシア・ローマ文明の影響を受けてきた。イタリアとは一線を画す
独自の食文化が育まれ、プロヴァンス料理として発展した。

PROVENCE-CÔTE D'AZUR

プロヴァンス料理＝イタリア料理？

中心都市マルセイユは、地中海貿易の要所として栄え、新大陸を含めた外来の産物を
いち早くとり入れてきた。古代ギリシア・ローマ文明の影響を受けて発展したプロヴァ
ンス料理は、17世紀までイタリア料理とみなされていたが、19世紀になってようや
く独自の料理として受け入れられるように。この地の人々は美食に関心が高く、ミシュ
ランの星つきレストランがパリに次いで多いほどだ。

太陽と地中海と歴史のめぐみ

オリーブ

内陸部には見渡すかぎりオリーブ畑が広がる。
収穫した実はおもにオリーブオイルに加工され
る。塩漬けにした実も、プロヴァンス料理の特
徴のひとつで、緑と黒のオリーブの違いは、収
穫の時期による。未熟な緑の実が、紫、赤、黒
へと色を変化させながら熟していく。そのま
まおつまみにしたり、ペースト状の「タ
プナード」にして調味料にしたり、「ニ
ース風サラダ」や煮こみの材料にする。

レモン

コート・ダジュール一帯は柑橘
の栽培が盛ん。とりわけマント
ン周辺のレモンは名高い。旬の12月から3月
には、斜面を黄金色の果実が彩り、2月には盛
大なレモン祭りが催される。地中海から吹きあ
げる風のおかげで、香り高くジューシー。この
地の料理には柑橘が欠かせず、魚料理はもちろ
ん、肉の煮こみにも表皮のすりおろしや果汁を
多用する。砂糖漬けや塩漬けも名産。

イチジク

紀元前から根づいており、乾燥させれ
ば保存がきくので、かつてはどこの農
家もイチジクの木を植えていたという。
南部トゥーロンの内陸部の盆地が名産
地で、ソリエス＝ポン村周辺の黒イチ
ジクは評価が高い。生でお菓子に用い
たり、丸ごと砂糖漬けにしたり、生ハ
ムとあわせて前菜にしたり、相
性のよい豚や鴨、ウサギと
一緒に煮こむこともある。

米

西部アルルから地中海
にかけて広がるカマル
グ湿地帯周辺は、国内随一の稲作地帯。長粒米
と短粒米をメインに、黒米や香り米などが栽培
され、とりわけ赤米はカマルグ米の代名詞。赤
く色づいたら収穫し、天日と風でじっくり自然
乾燥させる。ナッツのようなコクと風味がある。
フランスで米は、サラダやつけあわせ、デザー
トまで幅広くつかわれる。この地では野菜のファ
ルシやイカの詰めものにも用いられる。

トマト

「プロヴァンス風」とつけば、オリーブオイル、
にんにく、トマトが基本食材というほど、トマ
トはこの地を象徴する野菜。トマト風味のベー
スだけでなく、トマトのパン粉焼きなど主役に
もなる。同じくこの地を代表するズッキーニや
なす、パプリカと、くたくたになるまで煮こん
だ「ラタトゥイユ」や、野菜を薄切りにして重
ねたオーブン焼きの「ティアン」、
ひき肉を詰めて焼くファルシ
など幅広く利用される。

ズッキーニ

フランスにおけるズッキーニ発祥の地で、丸形など地元原産の特徴的な品種も多い。ファルシやポタージュ、グラタン、炒めてトマトのピュレで煮こんだ「ニース風」などに用いられる。新鮮でないと味わえない花を食用とするのもこの地ならでは。とくに東部ニース周辺で好まれ、旬の6〜9月には、衣をつけて揚げたり、詰めものをしてローストしたり、サラダやスープの彩りに添えたりする。

羊、仔羊

紀元前から牧羊の歴史がある。夏はアルプスの高地、冬は低地での羊の放牧が風物詩。代表的な「アヴィニョン風羊のドーブ」は、肩肉を香味野菜やハーブ、レモンの表皮、白ワインで煮こんだ料理。北西部シストロンは、上質な仔羊の産地として知られ、とろけるようにやわらかい肉をハーブとにんにくで風味づけし、シンプルにグリエまたはローストするのが好まれる。羊の生ハムも名産。

ふだんそう

大きく肉厚な葉と白く太い軸はわけてつかい、葉はよく似たほうれんそうのように調理されることが多い。伝統的な煮こみ料理「ドーブ」に欠かせない。ニース周辺の名物料理でもおなじみで、「ニース風ラビオリ」や、オムレツ「トゥルチア」にもつかわれる。代表格は「トゥルト・ドゥ・ブレア」。ふだんそうを主役に、りんごやレーズン、松の実などのフィリングを詰めた甘いパイだ。

バノン

内陸部の村バノン産の、栗の葉に包まれたシェーヴルチーズ（P119）。冬の貴重なタンパク源として保存するため、あまったチーズを葉で包む習慣が生まれたという。まろやかなミルクの甘さにナッツのようなコクがある。熟成するにつれて、ねっちりとしたやわらかさが増し、栗の葉の風味が加わる。パンにのせ、オリーブオイルやはちみつをかけてトーストし、サラダを添えるのが定番。ズッキーニのファルシやフォンデュにも。

エルブ・ド・プロヴァンス

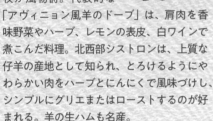

「プロヴァンスのハーブ」を意味し、タイム、ローリエ、ローズマリー、セイボリー、バジルを刻んで混ぜたミックススパイス。それぞれ地中海沿岸特有の、岩肌がむきだしのゴツゴツした石灰岩質の乾燥地帯であるガリッグに育つ。食材のくさみを抑えたり、料理にデリケートな香りをもたらす。乾燥させたものをグリエやローストした肉や魚に用いることが多い。

ブイヤベース

地中海でとれる魚を主役にトマトやサフランで風味をつけた、マルセイユを代表するスープ仕立ての魚介料理。カサゴ、アナゴ、アンコウ、タラなど複数の魚を用いる。地元の漁師たちが売れない魚を海水で煮こんだ料理がはじまりというが、スズキや手長エビなど、高級な魚介類を加えることも。スープと魚介は別々にサーヴィスされ、スープをアイオリソースかソース・ルイユとガーリックトーストと食べるのが伝統。

プロヴァンス風 牛肉のドーブ

牛肉を赤ワインやハーブ類、オレンジの表皮でマリネし、トマトやオリーブ、にんじんと、蒸し煮状態のままじっくり煮こんだ料理。羊でもよいが、ドーブといえば牛肉を赤ワインで煮こんだこの料理を指すことが多い。「カマルグ風」となると、闘牛で知られるカマルグ湿地帯の去勢されていない黒の雄牛が用いられ、つけあわせにはカマルグ米がお約束。

ポンプ・ア・リュイル

オリーブオイルを練りこんだパン生地に、オレンジフラワーウォーターや柑橘の表皮で香りづけをし、平らな円盤状に焼きあげたお菓子。この地では、クリスマスの深夜のミサのあと、13種のデザートを食べる習慣があり、このお菓子が主役。13という数は、最後の晩さんのイエスと12人の使徒の象徴。このお菓子をイエスにみたて、まわりに銘菓のヌガーやカリソン、レモンの砂糖漬け、新鮮なフルーツ、ドライフルーツ、ナッツなどが並ぶ。

アイオリソースをホームメイド！さまざまな料理に添えられる基本の薬味ソースを、簡単につくれるクラシックなレシピで紹介しよう。

にんにく……………………1個
オリーブオイル………1/4〜1/3l

1 にんにくは皮をむいて粗みじん切りにし、すり鉢でピュレ状になるまですり潰す。

2 オリーブオイルを少量ずつ加えながら、なめらかなペースト状になるまで混ぜる。

塩（ひとつまみ）とレモン果汁（数滴）を加えると、風味がアップ！

家禽（かきん）

野生の鳥を家畜化した鳥類は
総称で「ヴォライユ」（家禽）と呼ばれる。
ウサギも伝統的に家禽に分類される。

鶏（にわとり）

古代、ガリアの時代から、鶏はフランスの象徴的な存在。フランスはヨーロッパ最大、世界でも第5位の鶏肉生産国で、年間ひとりあたり約15羽を消費している。

飼育期間と重量、オスとメスによって呼び名がかわり、「プレ」と呼ばれる生後90日以上の若鶏がもっとも多く食されている。精肉店の軒先で、くるくるまわりながらローストされる「プレ・ロティ」（若鶏のロースト）は、日曜日の家族団らんの象徴だ。

大量生産か、「フェルミエ」（農場育ち）という平飼いか、「ビオ」というオーガニック飼育かといった飼育方法やエサの種類、品種によって品質は大きく異なる。

鶏の品種

フランス原産の鶏は40種以上もあり、ウーダン鶏（P47）やブレス鶏（P59）、ジェリーヌ・ド・トゥーレーヌ（P114）など、産地の風土と結びついた名高いものも多い。

ブレス・ゴロワーズ

ローヌ＝アルプのベニー原産。白い羽、青い足、赤いトサカがある。肉質はとろけるようにやわらかく、ほどよく脂がのってジューシー。家禽で唯一、AOP（P89）認定を受けている。

ゴロワーズ・ドレ

ヨーロッパおよびフランス最古の品種。肉は茶色で、身は非常に繊細。カラフルな羽におおわれており、「黄金のガリア人」の異名をもつ。中南部ブレスで飼養が盛ん。

ラ・フレーシュ

ロワールのラ・フレーシュ原産。肉は茶色で、身は繊細でよくしまっている。15世紀から知られる古い品種のひとつ。鶏の煮こみ「アンリ4世のプール・オ・ポ」にも用いられる。

お好みはどれ？

プッサン
生後35〜90日、250〜300gのごく若い鶏。繊細な肉質。衣をつけてフライにしたり、グリエやローストに。

プレ
生後90日以上、1〜1.8kgの若鶏。脂がのったものはローストに、身のしまったものはココット鍋焼きに。ぶつ切りにしてフリカッセにも。

コクレ
500〜600gの若い雄鶏（おんどり）。やわらかく、やや淡白な肉質。ローストやグリエにして、しっかりした味のソースをあわせる。

プーラルド
1.8kg以上の若鶏。脂がのってやわらかく繊細な肉質。皮の下にトリュフ（P101）をはさんで煮こんだ「プーラルド・ドゥミ・ドゥイユ」は古典料理。

シャポン
去勢して肥育した若い雄鶏。肉質は抜群にやわらかく、筋肉全体に脂肪が入ってジューシー。去勢鶏のロースト「シャポン・ロティ」はクリスマスのごちそう。

プール
生後1年半〜2年の産卵をおえた雌鶏（めんどり）。しまった肉質に脂がよくのっている。ゆで煮や蒸し煮などに。

コック
雄鶏。昔は老いた雄鶏のかたくなった肉を利用し、「コック・オ・ヴァン」やパイ包み「コック・オ・パット」、ビール煮こみ「コック・ア・ラ・ビエール」など伝統的な料理をつくっていた。今は若鶏でつくられる。

ウサギ

食用ウサギは、野生の穴ウサギを家畜化したもの。脂肪が少なくてやわらかく、鶏肉に似たクセのない淡白な味わい。生後3〜4か月までの仔ウサギが好まれる。名高いのは、シャンパーニュ産、中部ガティネ産、ポワトゥー産。切りわけて調理する。マスタード風味のソテーや煮こみのほか、ワインやシードル（P64）の煮こみもおなじみ。クリームやきのこ、セイボリーやワイルドタイムなどのハーブとも相性がよい。

フランス料理につかうおもな部位

頭 / 背肉 / 内臓 / 肩肉 / もも肉

七面鳥

北米原産キジ科のこの鳥が、フランスにはじめて紹介されたのは、1557年のシャルル9世の婚礼晩さん会。脂肪が少なく淡白なため、古典的なクリスマス料理の「ダーンド・オ・マロン」（栗を詰めたロースト料理）をはじめ、ロ ーストする場合はこってりした詰めものをすることが多い。オスは脂肪が少ないため、豚の背脂を巻いて焼くことで、肉のパサつきをおぎなう。ガティネやブレス、南西部ランドのものが最上とされる。

ささみ / 手羽 / もも肉 / 胸肉

フランス料理につかうおもな部位

ホロホロ鳥

アフリカ原産キジ科の鳥。古代ギリシア・ローマ時代には神への捧げものとして珍重された。フランスへは15世紀にもたらされ、現在では世界一の生産量を誇る。鶏とキジの中間のような味わいで、鶏より風味が豊かで野性味があり、キジにあるような特有の強いにおいやクセはない。ローストやソテーのほか、キャベツとベーコンとコ コット鍋で煮こんだ「パンタード・オ・シュー」が代表的。

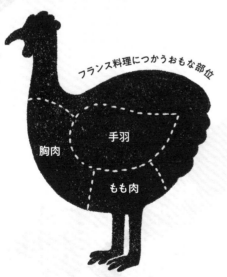

フランス料理につかうおもな部位

手羽 / 胸肉 / もも肉

ウズラ

フランスには春に飛来し、アフリカで越冬する渡り鳥。野生は希少で、出まわるのはほとんどが飼育されたもの。肉質はよくしまり、やわらかく淡白な味わい。体長15cm、120〜180gと小型なので、1羽をひとり分とし、丸ごと調理する。ベーコンと串焼きにしたり、ローストにしたり、コ コット鍋で蒸し焼きにしたり。ブドウと相性がよいので、レーズンやマスカットをあわせたり、ブドウの葉に包んで調理されることもある。

フランス料理につかうおもな部位

胸肉 / もも肉

フランドルの余韻にひたる オー＝ド＝フランス

HAUTS-DE-FRANCE

この地の北部からベルギー、オランダにまたがる地域は、かつて「フランドル」と呼ばれた。毛織物産業で栄え、フランドル絵画などの芸術が花開き、ベルギー料理と本質を同じくするフランドル料理が発展した。

英仏百年戦争の舞台はここ

「フランドル」と呼ばれて栄えたこの地域は、14世紀から15世紀にかけて起こった英仏百年戦争の舞台でもある。18世紀にフランスに併合されたのち、旧フランドルのノール＝パ＝ド＝カレーとピカルディーが統合してひとつの地域圏となった。

フランドルに栄えあれ！

ニシン

北西部ダンケルクからブーローニュにかけての沿岸部は、中世からニシン漁で栄え、ニシンは紙幣のかわりになったという。1970年代の人気の衰えとともに漁は衰退したものの、塩漬や燻製は今も息づいている（P56）。開いたニシンの燻製「キッパー」をはじめ、薄褐色になるまでいぶした「ブーフィ」までさまざま。地元では、グリエにしてじゃがいもとあわせ、バターをちらして食べる。

チコリ

白菜の芯のような見た目で、1850年ごろベルギーで栽培法が確立され、広く栽培されるようになった。現在は、世界シェアの50%以上の生産量を誇るほど、この地を象徴する野菜となり、「シコン」の名で親しまれている。シャキシャキした食感と、独特の苦みが特徴（P104）。くるみやりんごを加えたサラダと、ハムで巻いてソース・ベシャメルをかけ、チーズをちらしたグラタンが郷土の味。

チコリコーヒー

この地では、チコリの根を乾燥後にローストし、粉末状にしてお湯をそそぎ、コーヒーがわりに飲む。17世紀初頭、ナポレオンの大陸封鎖令により、イギリス植民地からのコーヒーが途絶え、その際に広まって定着した。お菓子にも用いる。

ジュニエーヴル

大麦やライ麦などの穀物を原料に、ジュニパーベリーの実で風味づけした香り高いブランデー。16世紀末のオランダが発祥で、ジンの元祖という。フランスでは当初、薬用酒として薬局で売られていた。18世紀末から蒸留所が次々と設立され、地元の鉱夫や繊維業の労働者たちが愛飲し、気つけ薬がわりに、朝のコーヒーに加えるのが習慣になった。料理やお菓子の香りづけにもつかわれる。

マロワール

ベルギー国境にほど近い町、マルロワールの修道院で7世紀に誕生したといわれ、アンリ4世をはじめ歴代の王が愛したチーズ。ウォッシュタイプ（P117）特有の強烈な風味を放つが、食べるとミルクの甘みが広がり、かすかな塩気と苦みがアクセント。地元ではビールやジュニエーヴルのおともに欠かせず、チコリコーヒーをあわせる人も。ローストした豚やウサギ用のホワイトソースにも用いられる。このチーズのタルト「ゴワイエール」も名物。

ポッチュヴレエシュ

ウサギや仔羊、鶏、豚など、複数の白身肉を用いた伝統的なパテ。肉をビールやワイン、ジュニパーベリーなどのスパイスと酢と長時間煮こみ、冷やして煮こごり状にする。14世紀の料理書『食物譜』(P8)に登場するほど歴史は古く、かつては煮こんだ鍋で保存し、お祝いの料理にした。熱々のフライドポテトがつきもので、ポテトの熱でパテのゼリーをとかしながら食べるのがお約束。

じゃがいも

一大産地で、北西の沿岸部トゥケ産と、リール近郊のメルヴェイユ産は評価が高い。トゥケ産は、ロブション (P33) が、スペシャリテの「じゃがいものピュレ」に用いたことでも知られる。あちこちにフライドポテト屋があり、くるっと巻いた紙に入った揚げたてポテトは、地元のソウルフード。フランスのフライドポテト (P109) は植物油で揚げるのが主流だが、この地では牛脂で揚げたのち植物油でさらに揚げるベルギースタイル。

ウサギ

この地は鶏や七面鳥など家禽の飼育が盛ん。ウサギは古くから親しまれ、クリスマスや復活祭の食卓を彩ってきた。かつては、体重11kgにも達する大型品種「フランドルの巨人」が、筋肉質で味がよいことからよく食べられていた。ビール煮の「フランドル風」をはじめ、プルーン煮やクリーム煮が伝統料理。

ウナギ

南部を西北に流れるソンム川は、古くから天然ウナギが豊富。19世紀のパリでも人気だった。漁は冬から初夏の解禁期間にかぎられるが、地元では伝統食材だ。グリエや燻製、マトロート、テリーヌ (P77) など調理法も多彩で、代表格は「オ・ヴェール仕立て」。筒切りにしたウナギを、オゼイユ (スイバ) やイラクサなどの香草と炒め、白ワインで煮こみ、緑色 (ヴェール) に仕上げる。

野鴨

ソンム川の河口は豊かな湿地帯や干潟が広がり、マガモやコガモなど、野鴨がとれる。秋から冬にかけての狩猟シーズンには伝統の小屋猟が行われ、ハンターは水辺の小屋や砂地で鳥がくるのを待つ。シンプルにローストしたり、豚のど肉、りんご、トリュフ (P101) とあわせてパイ生地で包んで焼いた「アミアン風 鴨のパテ」にするのも好まれる。

白いんげん豆

南東部の町ソワソン産は、長さ約20cmとフランスでもっとも大きい。言い伝えによると、14世紀にペストが大流行した際、避難する住民の荷物からこぼれ落ちた豆が根づき、大きな豆が実ったという。18世紀になると、主要作物としてワイン用ブドウと交互に栽培されるようになった。やさしい甘みがあって風味豊か。鴨のコンフィと一緒に煮こんだ「ソワスレ」が親しまれている。

ヴェルジョワーズ

甜菜糖(てんさいとう) (P98) の原料になるビートの主要産地で、製糖業が盛んなこの地で親しまれている粗糖(そとう)。マイルドな甘さと力強いコクが魅力。おだやかな風味の褐色と、キャラメルのような風味が強い茶色のタイプがある。ブリオッシュ生地にこの砂糖をふりかけた「タルト・オ・シュクル」や、スパイスをきかせたクッキー「スペキュロス」など、郷土菓子に欠かせない。料理のコクだしにつかうこともある。

ゴーフル

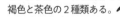

フランスでゴーフル (ワッフル) といえば、「ブリュッセル風」という長方形でふわふわサクサクの生地に粉砂糖がかかったもの。祭りの屋台でもおなじみ。古くからワッフルがお祝いのお菓子として親しまれてきたこの地では、中央部リールを中心に、薄焼きのしっとりした発酵生地に、ヴェルジョワーズや各種クリームをはさんだ「フランドル風」が主流。薄地のクッキータイプも名物。

サトウキビの砂糖もつかってみて

カソナードは、フランスで広くつかわれているサトウキビを原材料とするブラウンシュガー。サトウキビのしぼり汁を煮詰め、結晶化させたもの。未精製の香り豊かな粗糖で、クレーム・ブリュレ (P122) のキャラメリゼをはじめ、お菓子づくりにつかわれるほか、ウサギのシヴェ (P84) やブーダン (P77) など料理にもよく用いられる。ヴェルジョワーズと同じく、褐色と茶色の2種類ある。

豚とシャルキュトリー

豚肉はおもにシャルキュトリーとして消費される。
レストランで純粋な豚肉料理が提供されることは少ない。

シャルキュトリーにつかう部位

かつてフランスで豚肉は農村にかかせないもので、たく
さん消費されていた。豚肉を安全に長く保存できるよう
に、何世紀にもわたり、塩漬けと燻製技術が発達し、今
やシャルキュトリーとしての消費が4分の3を占める。

フランスのおいしいブランド豚

バイユー種
ノルマンディー原産。牛のミルクで飼育され、とろけるような肉質が特徴。

ヌストラル種
コルシカ原産。野生的で、ほのかにナッツのような風味。

ブラン・ド・ルエスト
西部原産。伝統的に「ジャンボン・ド・パリ」(P47)につかわれてきた。

ガスコン種
南西部原産。もっとも古い品種のひとつで、高級なシャルキュトリーに用いられる。

キュル・ノワール・デュ・リムーザン
リムーザン原産。肉は赤く、非常にやわらか。

ピエ・ノワール
南西部バスク原産。どんぐりや栗、ハーブを食べて育つ。塩漬け肉によくつかわれる。

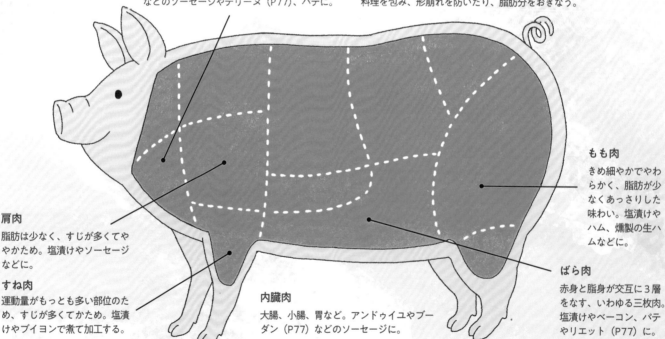

のど肉
赤身と脂肪が層をなす部位。アンドゥイユ(P77)などのソーセージやテリーヌ(P77)、パテに。

網脂（あみあぶら）
内臓全体をおおっている脂肪の多い網状の被膜。テリーヌなどの料理を包み、形崩れを防いだり、脂肪分をおぎなう。

もも肉
きめ細やかでやわらかく、脂肪が少なくあっさりした味わい。塩漬けやハム、燻製の生ハムなどに。

肩肉
脂肪は少なく、すじが多くてややかため。塩漬けやソーセージなどに。

すね肉
運動量がもっとも多い部位のため、すじが多くてかため。塩漬けやブイヨンで煮て加工する。

内臓肉
大腸、小腸、胃など。アンドゥイユやブーダン(P77)などのソーセージに。

ばら肉
赤身と脂身が交互に3層をなす、いわゆる三枚肉。塩漬けやベーコン、パテやリエット(P77)に。

絶品シャルキュトリー10選

涼しく湿った山岳地帯の生・乾燥製品、東部の山岳地帯の燻製製品、北西部の低地の熟成・加熱製品、西部の脂肪熟成製品など、多様な気候風土と伝統から、全土に特色豊かなシャルキュトリーがある。名産地は西部とリヨン周辺に集中している。

アンドゥイユ

豚の腸と胃を材料に、内臓肉を混ぜて腸詰めにした臓物ソーセージ。ゆでてから燻製にするので、そのまま薄切りにして、前菜やサラダにする。ブルターニュのゲメネでは、腸を細切りにしてぐるぐる巻いて詰めるため、切ると美しい年輪状になる。

アンドゥイエット

アンドゥイユより小型の内臓肉をつかったソーセージ。強烈なにおいがある。豚と仔牛の内臓肉を混ぜてつかったり、豚の内臓肉だけを用いてつくるなど地方によってさまざま。ゆでてあるが、焼いて食べるのが一般的。つけあわせはマッシュポテトが定番。

リエット

かたまり肉を繊維がほぐれるまで脂身で長時間煮て、ペーストにしたもの。前菜としてパンに塗って食べる。豚肉や、ウサギやガチョウなどの肉を用いる。手軽に食べられるサンドイッチが広まると、人気の具材となった。

生ハム

塩漬けした肉を乾燥熟成させた非加熱ハム。乾燥熟成期間の長さにより「クリュ」(生)と「セック」(乾燥)に分類される。前者は最大4か月、後者は最大24か月。燻製タイプの「フュメ」と呼ばれるタイプもある。

ソシソン

サラミタイプのドライソーセージ。スライスして前菜やおつまみとして食べる。リヨンのものが有名で、とくにキリストの誕生を祝うためにクリスマスにつくられていたことが名の由来の500g～1kgの巨大な「ジェズ」と、赤ワインで風味づけされたやや小型の「ロゼット」が知られている。

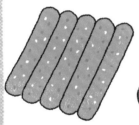

ソシス

ミンチ肉に調味料やスパイスで味つけしたソーセージ。生、加熱、燻製タイプがあり、加熱して食べる。ゆでたりグリエしたり、ポテ(P121)やカスレ(P107)などの煮こみ料理に用いる。ナツメグなどのスパイスで風味づけしたリヨンの「セルヴラ」、カスレの主役の「トゥールーズソーセージ」、シュークルート(P63)に定番の「ストラスブールソーセージ」、燻製の「モンベリアール」などが有名。

ブーダン

豚の血と脂を材料に腸詰めにしたブラッドソーセージ。肉や臓物を加えたり、りんごやプルーンを加えて風味を高めることもある。グリエやポワレにし、つけあわせにじゃがいものピュレやりんごのソテーを添えることが多い。「ブーダン・ノワール」(黒ブーダン)ともいう。「ブーダン・ブラン」(白ブーダン)は、白身の肉、ラード、生クリーム、牛乳、小麦粉を混ぜて腸詰めにしたもの。

パテ・アン・クルート

肉類などを細かくきざみ、パイ生地で包んで焼いたもの。中世になるまで、パイ生地は保存するためだけのもので食べなかった。豚や仔牛、ガチョウや鴨、ジビエ(P84)とあらゆる肉がつかわれ、フォワグラ(P100)やデュクセルを加えることも多い。「パテ・ド・カンパーニュ」(田舎風パテ)といえば、おもに豚肉を用いたもの。毎年、このパテの世界大会が開かれており、多くの日本人が優勝している。

パテ・ド・テット

塩漬けにした豚のほほ、鼻、舌などの頭部の肉をブイヨンで煮こみ、ハーブやジュニパーベリーなどのハーブで風味づけし、型に入れて煮こごり状に冷やしかためたもの。各地に名物があり、チーズのように圧さくすることから「フロマージュ・ド・テット」(頭のチーズ)ともいう。厚めに切り、マスタードやピクルスと一緒に前菜として食べる。

テリーヌ

パテの一種。肉や魚、野菜を主材料に、テリーヌ型に詰めて湯せんして焼く。豚や仔牛、家禽、ジビエの肉がつかわれ、フォワグラや豚の肝臓をあわせることも。「フォワグラのテリーヌ」や「サーモンのテリーヌ」が有名。現在ではパテとテリーヌの定義はあいまいで、焼かずに押しかためたムースタイプも含まれる。厚めに切り、前菜として食べる。

森が育むおいしい大地 アキテーヌ

上質なワインと料理で知られるボルドー、フランス最大の森林地帯を
有するペリゴール。ピレネー山脈を隔ててスペイン国境と接するバスク。
豊かな森に恵まれた大地はバラエティーに富んだ食を生みだしている。

AQUITAINE

個性的な地域が集合!

中世から豊かな土地として知られ、上質な料理とワインで名高い。この地の人々には、食べることに貪欲というイメージがつきものだ。ボルドー、ペリゴール、バスクなど多彩な特色のある地域は、ワイン、フォワグラ（P79、100）、トリュフ（下、P101）、きのこ、くるみ、カキ、ジビエ（P84）をはじめ、多くのおいしいものを生みだしている。

グルメ大興奮の豪華さ

黒トリュフ、セップ茸

この地のトリュフは香りが秀逸。ぜいたくにも地元では丸ごと炭焼きや紙包み焼きに！名産のフォワグラとあわせたパテなど名物料理も多く、「ペリゴール風」とつけばトリュフ入りの料理。秋が温暖多雨で、セップ茸（P101）の生育に最適なことから、笠が黄土色でナッツのような風味の品種「セップ・ド・ボルドー」（ボルドーのセップ茸）でも知られる。にんにくとエシャロット（P105）、パセリと、鴨脂でソテーした「ボルドー風」が定番。

妖精の魔法のおかげ？
民間伝承でトリュフは、妖精の魔法の杖から飛びだしたあやしいきのこ。実際には、この地がトリュフ王国になったのは、ワインと人ときくかかわっている。1870年、フィロキセラ（ブドウネアブラムシ）が大量に発生し、ブドウ畑が壊滅的な被害を受けた際、かわりにトリュフの胞子をつけたオークの木が植えられたのだった。

ワイン

ボルドーを流れるジロンド川、ドルドーニュ川、ガロンヌ川のまわりに、右岸、左岸、アントル・ドゥー・メールと3地区にわかれ、赤、白、ロゼのワインとスパークリングワインのクレマンがつくられている。村名AOP（P89）を頂点とする品質等級に加え、名門ワイナリーのシャトーを対象とした「クリュ・クラッセ」と呼ばれる独自の格づけがある。

キャビア

チョウザメの卵を塩漬けして熟成させた高級珍味。料理に洗練された塩気と、華やかさをプラスする。フランスで食べられるようになったのは19世紀末。ボルドーのジロンド川の河口は、フランスで唯一、天然のチョウザメが生息し、1950年代までは漁が盛んだった。現在は保護種のため、養殖が行われている。じゃがいものピュレや、スクランブルエッグなどの卵料理、白ワイン仕立ての白身魚に。

くるみオイル

ペリゴールでは、古くからくるみが重要な位置を占め、10世紀には通貨としても用いられていた。13世紀になると、ランプの燃料としてくるみオイルの需要が増し、富をもたらした。料理につかえる唯一の植物油としても重宝され、数世紀前まではオイルをとるために栽培されていた。加熱に弱いため、サラダや「カベクー」というチーズにかけ、フルーティーな風味をたのしむ。

ドライプルーン

東に位置するアジャン産のプルーンが名高く、実が大きくて甘い。12世紀に十字軍がシリアからもち帰ったプルーンと、在来種を交配させて誕生したという。修道院で栽培され、日もちさせるために天日干しするようになったとか。豚や七面鳥など、白身肉とあわせることが多く、ウサギと血のソースで煮こんだ料理が郷土の味。名産のフォワグラとあわせることも。

バザス牛

ボルドー近郊のバザス村周辺は古くから牛の飼育が盛ん。評価の高いバザスレーズ種は、サシがきめ細やかで、ナッツのようなコクがある。リブロースをブドウのつるで網焼きにし、骨髄やセップ茸、エシャロット、赤ワインがベースの「ボルドー風ソース」で仕上げたステーキが名物。「仔牛のレバー ボルドー風」は、仔牛の腎臓を豚の背脂で巻いてソテーし、エシャロットやセップ茸と、赤ワインまたは白ワインで仕上げた料理。

鴨、フォワグラ

フランス随一の鴨とフォワグラの一大産地。フォワグラをとったあとの鴨の胸肉は、「マグレ・ド・カナール」と呼ばれ、ポワレしてフォワグラ入りのソースで仕上げるのが伝統。もも肉や砂肝はコンフィに、首肉はファルシにと、あますところなくつかわれる。鴨脂でじゃがいもをパセリとにんにくと炒めた「じゃがいものサルラ風」はつけあわせの定番。フォワグラとトリュフ入りの「ペリゴール風パテ」も名物。

カキ

ボルドー近郊のアルカション湾に、フランス初のカキ養殖場がつくられたのは1849年のこと。1967年に病害のため一度は全滅したが、日本産のマガキを輸入して復活。今やフランスの生産量の70%を占める。肉厚で、強い風味をもつ。秋から冬の最盛期にはカキ小屋がにぎわい、生ガキに熱々にグリエした円盤形のソーセージ「クレピネット」を添え、交互に食べながら辛口白ワインを飲むのが伝統。

モリバト

ボルドーの南に広がる森林地帯は狩猟鳥の宝庫。猟の歴史は古く、モリバトが飛来する秋にはオトリのハトでおびき寄せ、しかけた網をかぶせて捕らえるかぶせ網猟が行われる。ハトの飼育も盛んだが、野生のモリバトは味わいが濃厚で風味が強い。伝統では、ローストして「サルミ（P84）仕立て」にする。セップ茸を詰めてローストしたり、コンフィにするのも好まれる。

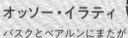

エスプレット唐辛子

スペイン国境に近いエスプレット村周辺で栽培される、細長い紡すい形の赤い唐辛子。バスク料理に欠かせない。16世紀に新大陸からもたらされると、高価な黒こしょうのかわりに用いた。マイルドな刺激で風味がよく、天日干しにして粉末状にしてつかう。仔羊や仔牛、小イカの煮こみ、ウナギの稚魚のソテーから、シャルキュトリー「チストラソーセージ」、チーズ、チョコレートまで幅広く風味づけに用いられる。

カヌレ、ガトー・バスク

カヌレは日本でもおなじみのボルドーの郷土菓子。ワインの製造過程で大量にあまる卵の白身を活用するため、16世紀の修道院で誕生した。ガトー・バスクは、ソフトタイプの分厚いクッキー生地に、カスタードクリームやチェリーのジャムをはさんだバスクのお菓子。バスク語で「家庭のケーキ」というとおり、各家庭で受け継がれきた。17世紀にはとうもろこし粉とラードがベースの生地を焼いただけのものだったが、時をへて今のスタイルになった。

オッソー・イラティ

バスクとベアルンにまたがるピレネー山脈西部では、新石器時代より牧羊が行われており、紀元前1世紀には、このチーズの原型がつくられていたという。どっしりとした円盤形で、表皮は灰色がかったベージュからオレンジ。生地はしまっていながらもまろやかで、羊乳特有の濃厚なコクと、やさしい甘さをもつ（P119）。地元では、バイヨンヌの生ハムとサラダに加えたり、イッツアスー村の名産品であるブラックチェリーのジャムをあわせる。

キントア豚、ジャンボン・ド・バイヨンヌ

キントア豚は、ピレネー山脈の森でドングリや栗を食べて育つ。きめ細やかな霜降り肉で、バターやナッツのようなコクがあり、グリエやローストして「ピペラード」や「ピキーリョ」と呼ばれる赤い甘唐辛子のソースをあわせる。エスプレット唐辛子をもみこんだ生ハムも名物。生ハムは南部アドゥール川の流域一帯でつくられる、ジャンボン・ド・バイヨンヌも名高い。サリス＝ド＝ベアルン塩泉の塩で漬け、乾燥熟成させる。ヘーゼルナッツのようなコクをもつ。

羊

フランスでは、生後1年未満の「アニョー」(仔羊)が主流。
とりわけ4か月前後のものが好まれる。
成熟したものは「ムトン」といい、においが強くなり
肉質もかたくなるため、加工に用いられることが多い。

仔羊の品種

おいしいアニョーを紹介しよう。いずれ
もIGP (P89) 認証をもつものばかりだ。

A リムーザン種

リムーザン産。首がずんぐり短く、白く
毛足の長い毛におおわれている。肉はピ
ンクでやわらかく、牧草の香り。

**B ブランシュ・デュ・
マシフ・サントラル種**

ロゼール産。「中央山塊の白羊」の名の
とおり、真っ白な毛におおわれ、顔が細
めで垂れ耳。ピンクの肉はやわらかく、
牧草の香りがする。

C バレジョワーズ種

ピレネー産。短いらせん状の角をもち、
毛色は白、黒、茶色とさまざま。肉は赤
く、山のハーブの香りにかすかに甘草の
香りがする。

D ラコーヌ種

アヴェロン産。母乳のみで育った生後
30〜45日の乳飲み仔羊。頭は白く細く、
毛色は銀色を帯びた白。肉質は淡いピンク
で、甘みがあり繊細な味わい。乳羊と
しても飼育され、ミルクからロックフォ
ールチーズ (P118) がつくられる。

E プレアルプ・デュ・シュド種

シエストン産。顔は白くて細長く、白く
短い毛におおわれている。肉は淡いピン
クで、非常にやわらかく、クセのないや
さしい風味。

料理につかう部位

あばら骨つきの背肉にマスタードを塗り、パセリとにんにく、生パン粉を混ぜた「ペルシヤード」を塗り重ねて焼いた「仔羊の香草焼き」やもも肉をまるごと調理した「ジゴ・ダニョー」など、仔羊肉は家庭でもよく食べられる。

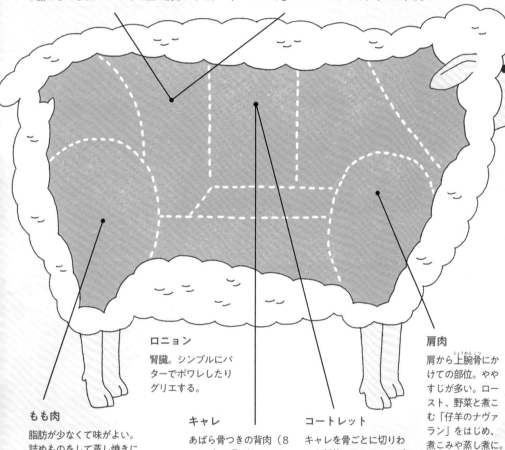

セル
もも肉と前部背肉のあいだの部位、鞍下肉(くらしたにく)。牛でいうサーロインにあたる。かたまりのまま詰めものをし、ローストや蒸し焼きにする。

フィレ
セルの中心部にあるやわらかい赤身。最上ランクの部位にあたる。フィレを輪切りにしたものは、「ノワゼット」といい、ソテーやグリエにする。

ロニョン
腎臓。シンプルにバターでポワレしたりグリエする。

肩肉
肩から上腕骨(じょうわんこつ)にかけての部位。ややすじが多い。ロースト、野菜と煮こむ「仔羊のナヴァラン」をはじめ、煮こみや蒸し煮に。

もも肉
脂肪が少なくて味がよい。詰めものをして蒸し焼きにしたり、「ジゴ・ダニョー」などのローストや煮こみに。

キャレ
あばら骨つきの背肉（8〜13本の骨がついている状態）を、背骨を中心に半分に分割したかたまり肉、ラムラック。丸ごとローストしたり、グリエにすることが多い。

コートレット
キャレを骨ごとに切りわけた部位、ラムチョップ。グリエやソテーに。

まだまだあるおいしい仔羊

ポワトゥー＝シャラント仔羊
ポワトゥー＝シャラント産。肉は淡いピンクで、きめ細やかでやわらか。香り高く繊細な味わいで、脂肪分が少なめ。IGP認証。

ブルボネ仔羊
中南部ブルボネ産。肉は淡いピンクで、甘みを感じる特徴的な味わい。IGP認証。

アニョー・ド・レ
おもに母乳で育てられ、離乳前の生後1〜2か月の乳飲み仔羊。肉は真っ白で、ミルクの風味をもつ繊細な味わい。南西部のピレネー産とポイヤック産のものが名高い。いずれもIGP認証。

プレ＝サレ仔羊
北西部のモン・サン＝ミシェル産と、英仏海峡に面したソンム湾産のプレ＝サレ仔羊（P55）。塩気を含んだ植物を食べて育つため、潮の香りで独特の風味。いずれもAOP（P89）認証。

山羊をめぐる食の宝庫 ポワトゥー＝シャラント

POITOU-CHARENTE

海岸線や塩性湿地帯、石灰岩の大地、池、沼地、森、牧草地など
変化に富んだ美しい風景で知られる。
バラエティー豊かな風土が育む食材の質の高さが美食の源だ。

緑のヴェネツィア

フランス中部を流れるロワール川の南にあり、大西洋に接する地域。9世紀から10世紀は公国で、そのあとイギリス領となり、1369年にフランス王国領に。近年、リムーザン、ポワトゥー＝シャラントと統合し、ヌーヴェル＝アキテーヌとなった。「緑のヴェネツィア」と呼ばれる湿地帯や、7つの村が「フランスのもっとも美しい村」に選ばれるなど、芸術的な景色でも知られる。

素朴さが魅力のおいしいものたち

コニャック

南部のコニャックで、白ワインを蒸留してつくられるブランデー。15世紀までは、ワインをオランダなどに輸出していたが、ボルドーワインに人気の座を奪われた。ブランデーをつくりはじめると、またたく間に評判となり、名物となる。地元では、コーヒーに入れて飲んだり、牛肉の煮こみに用いたりする。白ワインにコニャックを加えて酒精強化したリキュール「ピノー」も名産。

仔山羊

山羊の飼育がチーズ製造の要だったポワトゥー地域。春に生まれる仔山羊のやわらかな肉は、復活祭のごちそうだった。今でも郷土料理の食材として根づいており、煮こみにしたり、詰めものをしてローストするのが好まれる。大量のにんにくの芽とローストする料理は、復活祭を彩るメニュー。乳飲み仔羊に似た仔山羊肉の風味を、にんにくが引き立て、豆の煮こみやポワティエ風ファルシを添えて食べる。

トゥルトー・フロマジェ

シェーヴルチーズ（P119）をつかった、表面が真っ黒こげのスフレチーズタルト。超高温でさっと焼いてつくったこげこそ、味の決め手。皮のパリッとした食感とほのかな苦みが、内部のソフトでエアリーな食感と、シェーヴルチーズならではの繊細な風味と甘さを引き立てる。18世紀に失敗から生まれたといわれ、復活祭や婚礼のお祝いのお菓子として親しまれてきた。

シャビシュー

このチーズの原型が誕生したのは8世紀半ば。名前は、トゥール・ポワティエ間の戦いの折、この地に残ったサラセン人が、山羊乳でつくったチーズをアラビア語で呼んだ名前に由来する。山羊乳ならではのうまみと、かすかにナッツのような風味をもち、繊細でクリーミー。熟成するにつれ、濃厚なミルクの味わいとドライフルーツのような風味が強まる。熟成前のチーズは、トゥルトー・フロマジェに用いる。

カイユボート

中世からつくられているフレッシュチーズ（P117）。ポワトゥーでは山羊乳をつかうが、地域によっては牛乳を原料にすることもある。野生のアーティチョーク（P104）の花を加えて凝固させ、ホエー（乳清）を除いてつくる。生クリームをかけたり、砂糖をふったり、リキュールのピノーやコニャックをかけてデザートにする。トゥルトー・フロマジェに用いることも。

バター

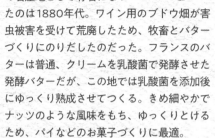

「エシレバター」をはじめ、バターの名産地として有名になったのは1880年代。ワイン用のブドウ畑が害虫被害を受けて荒廃したため、牧畜とバターづくりにのりだしたのだった。フランスのバターは普通、クリームを乳酸菌で発酵させた発酵バターだが、この地では乳酸菌を添加後にゆっくり熟成させてつくる。きめ細やかでナッツのような風味をもち、ゆっくりとけるため、パイなどのお菓子づくりに最適。

カグイユ

褐色に灰色がかったうず巻き模様の殻をもつ小粒のエスカルゴ（P58）。早朝にブドウ畑などで収穫される。近年は養殖も行われている。身はよくしまり、きめ細やかで美味。クール・ブイヨンでゆでてから、白ワインやトマト、ソーセージやハムと煮こむのがシャラント流。ポトフのほか、フリカッセにしてピノーで仕上げることも。真珠色の卵は、パンにのせて食べる。

ビーツ・クラポディーヌ

コニャック産の赤ビーツで伝統野菜（P113）。フランスの赤ビーツはおもに球形だが、にんじんのように細長い。風味は甘くてまろやか。「クラポディーヌ」（ヒキガエル）の異名は、ざらざらとした黒い皮に由来する。黄玉ねぎと一緒にたっぷりのバターでソテーし、ヴィネガーをふって蒸し煮にした「ポワティエ風」が定番。料理のつけあわせにしたり、冷やしてサラダにする。

マスクメロン

メロンは15世紀末、シャルル8世がイタリア遠征の折にフランスにもちこんだという。17世紀のルイ14世の時代には品種改良が進められ、シャラントで盛んに栽培されるようになった。果肉がオレンジ色でジューシーな、一般的な品種を「シャラントメロン」というのはそのため。旬の7〜9月に、塩とひきたての白こしょうをふるか、生ハムを添えて前菜にする。ピノーとあわせるのが地元の流儀。

ムール貝、カキ、マテ貝

西部はムール貝の養殖が盛ん。海に打ちこんだ杭に稚貝をつけて育てるのが伝統。松葉でいぶして焼く「エクラード」や、香草と白ワイン煮にしてクリーム仕立てにする「ムクラード」が郷土の味。ヨーロッパ最大のカキの産地でもあり、淡水と海水が混じる養殖池のおかげで、緑がかった色と独特な風味になる。リエット（P77）の一種「グリヨン」と一緒に食べたり、ベーコンで巻いて串焼きにする。マテ貝も身近な貝で、パン粉とみじん切りのにんにくとパセリをかけたオーブン焼きがお約束。

ポワティエ風ファルシ

キャベツをつかった郷土料理が多く、代表格がこれ。ふだんそう（P71）やスイバ、リーキ（P105）などの野菜と、タイムやパセリ、ベーコン、とき卵を混ぜたタネを、キャベツの大きな葉で包み、キャベツの形に整えて煮る。「ハーブのパテ」ともいい、発祥は北部ポワティエ近郊の村。冷製で前菜として、温製でメインとして食べる。

ポワトゥー版とペリゴール版、どっちが好み？

ウサギ料理の最高傑作にしてジビエ（P84）料理の最高峰、「リエーヴル・ア・ラ・ロワイヤル」（野ウサギの王家風）。大のジビエ好きのルイ14世のためにつくられたことから「王家風」の名がついた。この料理には、ポワトゥー版とペリゴール版のふたつの流派がある。

どちらも、肉はとろけるようにやわらかく、ソースはビロードのようになめらか。ポワトゥーの「クトー上院議員風」は、肉を大量のにんにくとエシャロット（P105）と赤ワインで煮こみ、ほぐして血のソースで仕上げた素朴系。ペリゴールの「アントワーヌ・カレーム風」は、フォワグラ（P100）とトリュフ（P101）を詰めて巻いた肉を赤ワインで煮こみ、血のソースで仕立てたぜいたく系。機会があれば、ぜひ食べ比べてみてほしい。

猟獣

ジビエ

ジビエとは、狩猟で得た野生鳥獣や
その肉のこと。秋から冬にかけての
狩猟シーズンにはジビエ料理が
メニューにのぼるレストランもあり
この季節をたのしみにしている食通は多い。

ジビエ料理を味わおう

サルミ
キジ、ヤマウズラ、モリバトなど、狩猟鳥でつくる料理の代表格。鳥をローストし、ガラと皮をベースにとったコクのあるソースをあわせる。

シヴェ、ラグー
どちらも、野ウサギやイノシシ、鹿など、おもに猟獣の肉を赤ワインで煮こんだ料理。違いは血が加えられているかどうか。加えられているのがシヴェ。シヴェはオマールエビの料理名にもつかわれ、その場合、たいてい白ワインで煮こむ。

テリーヌ、パテ
ジビエでは、成獣や鳥の肉、かたい部位でつくられることが多い。頭や臓物などのくず肉を用いることもある。

ロースト
猟獣、狩猟鳥のいずれも若い個体の肉を、そのままあるいは詰めものをしてオーブンで焼いた料理。

野ウサギ
野性味はあるが脂肪がきわめて少なく繊細。若いものほど洗練された風味。生後1年くらいまでのものが好まれ、6か月のものが最上とされる。もも肉と背肉が一番おいしく、シンプルにローストやポワレにすることが多い。生後1年を過ぎたものはマリネし、煮こみやシヴェ（左下）、テリーヌ（P77）など手間をかけた料理に。腎臓と肝臓も料理につかい、血はソースに用いる。フランス全土に生息するが、パリ南西部ボース産が評価が高い。

鹿
中世に王侯貴族が狩りの戦利品としてもっとも愛したという。赤ワインのソースで仕立てた「グラン・ヴヌール風」が古典料理。アカジカやダマジカなどが生息するが、小型のノロジカがもっとも人気が高い。肉は繊細でやわらかく、ジューシーでナッツのような風味。鞍下肉、もも肉、肩ロースがおいしく、ローストやグリエでレアに仕上げるのが好まれる。そのほかの部位は、ラグー（左）やシヴェ、テリーヌやパテにする。

イノシシ
豚に似た肉質で野性味あふれる味わい。生後6か月未満の仔イノシシ（ウリ坊）の肉が、もっともやわらかく繊細で美味。シヴェにするのが定番で、丸焼きのほか、もも肉や背肉はロースト、肩ロースと背肉はラグーにすることが多い。頭や足、臓物はテリーヌに用いることも。コルシカでよく食べられ、フランシュ＝コンテでは燻製ドライソーセージにし、プロヴァンスやアルデンヌではラグーが郷土料理。

野鳥

キジ

古代ギリシア・ローマでも珍重されたという、もっとも美味な野鳥のひとつ。野性味ある風味と繊細な肉質で、生後1年未満の若鳥が好まれる。メスの評価が高く、オスより繊細でしっとりとやわらかい。若鳥はローストにされることが多く、フォワグラ（P100）など詰めものをして焼く場合も。成鳥は「キジとキャベツのブレゼ」を代表に、蒸し煮や煮こみ、テリーヌやパテに。アルザスではシュークルート（P63）と調理される。

ヤマウズラ

ウズラに似たキジ科の小鳥。フランスでは「ペルドリ」といい、「ペルドリ・グリーズ」（ヨーロッパヤマウズラ）と、「ペルドリ・ルージュ」（赤岩シャコ）が生息。野鳥の最高峰といわれるほど風味がよく、とくに生後8か月未満のひな鳥は、やわらかくとろけるほどの繊細な肉質で珍重される。シンプルにローストやグリエにするのが好まれ、伝統的にレンズ豆（P112）の煮こみをあわせることが多い。成長すると肉質がかたくなるため、キャベツと蒸し煮にしたり、煮こみやテリーヌにする。

モリバト

ヨーロッパに生息するもっとも大きな野鳩。フランスで一番多く目撃される。1年未満の若鳥は、脂肪がきわめて少なくやわらかい。胸肉も厚くておいしい。丸ごとローストしたり、詰めものをしてパイ生地で包んで焼いたり、骨をぬいたあと一枚に開いて網焼きにする「クラポディーヌ風」にしたり。成鳥はコンフィや煮こみ、サルミ（P84）にする。南西部では「パロンブ」と呼ばれて評価が高く、「ハトのサルミ」が伝統。

野鴨

野鴨はフランス全土の湿地帯に生息する水鳥。マガモ（コルヴェール）がもっとも一般的で、家禽化したのがいわゆる鴨。オスは頭から首にかけて青緑色をしており、最大の品種だが、家禽の鴨よりかなり小さい。肉はしまっており、脂肪が少なく味わい深い。生後1年未満の若鳥は、肉質がきめ細やかで風味豊か。シンプルにローストし、ロゼに仕上げるのがもっとも好まれる。成鳥は蒸し煮やフリカッセ、サルミにする。

ウズラ

ジビエでもっとも小型のキジ科の渡り鳥。フランス全土に分布し、冬はアフリカで越冬する。肉は繊細でやわらかい。丸ごとローストやグリエ、蒸し煮にしたり、詰めものをして焼いたり、テリーヌにする。ブドウと相性がよく、ローストしてマスカット風味のソースをかけたり、ブドウの葉に包んでローストにしたり。フランスでは、家禽のウズラ（P73）はおなじみで、精肉店で手に入る。

シーズンが待ちどおしい！

フランスでは毎年、解禁期間（開猟日と閉猟日）が県令で定められるが、狩猟の対象種によって日程が異なるほか、県や年度によっても変動する。

右はフランスの狩猟解禁カレンダーだ。日本でも、秋冬はジビエ料理のシーズン。フランスからやってきたジビエを堪能できる絶好の機会だ。

	6月	7月	8月	9月	10月	11月	12月	1月	2月	3月
アカジカ、ノロジカ										
野鴨										
ヤマウズラ										
野ウサギ										
キジ										
モリバト										
イノシシ										

色彩豊かな食のモザイク
ラングドック=ルシヨン

中世はイスラム文化圏に組みこまれ、フランス革命後はイタリア移民を
世界大戦後は北アフリカ移民を受け入れた。
色彩豊かでおおらかな料理は、民族の多様性を映しだしている。

LANGUEDOC-ROUSSILLON

ふたつの地域の魅力がひとつに

ラングドックは、地中海最大の漁港セートを中心に、北東のセヴェンヌ山地から南にかけての地域。ルシヨンは、スペインと国境を接する南部の地域。プロヴァンスと同じように、温暖で雨の少ない地中海性気候の恩恵を受け、さまざまな民族の文化と融合し、独自の美食を形づくっている。

地中海文明を照らして

ワイン

フランス最大規模の生産量を誇り、オーガニックワインの生産量は第1位。赤、白、ロゼのさまざまなタイプのワインがつくられている。特筆すべきは酒精強化ワインの一種、天然甘口ワイン。アルコール発酵の途中で蒸留酒を添加して発酵をとめることで糖分の一部を残し、甘口に仕上げる。この製法は13世紀に発明された。「ミュスカ・ド・フロンティニャン」や「バニュルス」が名高く、食前酒やデザートワインとしてたのしまれる。

オリーブオイル

この地の料理はオリーブオイルが基本。北東の町ニーム産のピチョリーヌ種をつかったオイルが名高い。フルーティーながらピリッとした刺激があり、風味が豊か。この品種は塩漬けされた緑オリーブでも評価が高い。未熟なうちに収穫し、アクぬきしてから塩漬けされる。この方法を考案したのは、18世紀にイタリアから移り住んだピチョリーニ兄弟。以後、熟す前の実も食べるようになった。

ペラルドン

北部のセヴェンヌ山地は羊乳や山羊乳の宝庫。代表格は、18世紀半ばからつくられている、この円盤状のシェーヴルチーズ（P119）。ヘーゼルナッツのような風味と、こしょうのようなピリッと感があり、熟成するにつれてかたくしまり濃厚な味わいに。パン粉をつけて焼いた熱々をトーストにのせ、サラダに添えるのが定番。発酵前の凝乳（カード）に名産の栗のはちみつかけたデザートも有名。

アンチョビ

スペイン国境近くのコリウール港は、魚の塩漬けが伝統。アンチョビは、カタクチイワシの頭と内臓を取り除き、塩漬けにして熟成発酵させたもの。開いて中骨を除いたフィレ、ペースト、丸ごとの3タイプがある。「カタルーニャ風」は、丸ごとのアンチョビを塩ぬきして開き、ローストした赤パプリカを添え、パセリやにんにくのみじん切りをかけて、オリーブオイルをまわしかけたもの。前菜として食べられる。

本マグロ

中央部にあるセート港は、フランスのマグロ漁の拠点。はえなわ漁や一本釣りが行われ、船上で解体されたあと、そのまま市場へ。新鮮なマグロが手に入るからこそその料理が多く、北東の港町パラヴァス名物の「マグロのトリップ」もそのひとつ。マグロの胃を香味野菜や白ワインと煮こむ。「カタルーニャ風」といえば、マグロのトマトソース煮こみ。ステーキは、ハーブとバターをあわせた「モンペリエバター」を添える。

タコ、イカ

セート港はフランス随一のタコの水揚げ量を誇り、周辺ではタコのトマトソース煮こみをパイで包み焼きにした「ティエル」が名物。この料理はもともと18世紀のイタリア移民が家庭でつくっていた。イカの水揚げ量も多く、イカ料理も有名。「ヤリイカのファルシ」は豚や仔牛のミンチなどを詰め、トマトソースで煮こんだもの。「甲イカのルイユ仕立て」は、カイエンペッパーで風味づけしたトマトソース煮こみだ。

ムール貝、アサリ

セート港の北部に広がる潟湖（ラグーン）のトー潟は、ムール貝の養殖が盛ん。ムール貝は、海中につりさげたロープに稚貝を付着させて育てる、大粒のブジーグ種で知られる。詰めものをしてアイオリ風味のトマトソースで煮こむのがセート流。また、豊富にとれる天然アサリは、新鮮なうちに生で食べたり、パン粉焼きにしたり、にんにくやパセリ、マッシュルームといった詰めものをして焼いたり、さまざまに調理される。

甘玉ねぎ

北東にあるセヴェンヌ山地の山腹では、中世の修道士が段々畑をひらき、ライ麦などを育てていた。養蚕が盛んだった時代には桑の木も植えられたが、19世紀に絹産業が衰退するにつれて甘玉ねぎを栽培するように。みずみずしくシャキシャキした歯ごたえで、苦みも辛みもない。ローストしたものはつけあわせの定番。ミンチ肉を詰めてファルシにも用いる。

アプリコット

ルシヨンは恵まれた日照条件のもと、セレのチェリーやリベラルの桃など上質なフルーツで知られる。オレンジ色に赤のはん点が入ったこの地のアプリコットの評価も高い。酸味がおだやかで甘みが強く、桃やネクタリンを思わせる濃密な香り。旬は6月中旬〜7月末。デザートとして生で食べたり、フルーツサラダに加えたり、ワイン煮やタルトにしたり、ローストして仔羊や豚、鶏など白身肉のつけあわせにする。

干しダラのブランダード

塩ぬきしてほぐした干しダラを、にんにく、オリーブオイル、牛乳やクリームとすり潰してペースト状にした郷土料理。この地からプロヴァンスにかけて広く食べられており、ニームの名物。にんにくをこすりつけたパンにのせたり、ミニタルトのフィリングにして前菜にしたり、マッシュポテトを加えてグラタン風仕立てのメイン料理にすることもある。

フリトン入りフガス

フガス（P48）に、豚やガチョウの脂身をカリカリに揚げた「フリトン」（「グラトン」ともいう）を加えたもの。のばした生地の表面にマーガリンを塗って脂身をちらし、こしょうをたっぷりふりかけ、何度もたたんでパイ生地のように仕上げることもある。農家が脂身を熱してラードをつくる際にでた脂カスを、パン生地に加えたのがはじまり。独特な風味と食感が魅力。前菜やアペリティフに。

ペズナのプティ・パテ

セート郊外のペズナ発祥とされる、円柱形の小さなパテ・アン・クルート（P77）。羊肉のひき肉に、腎臓近くの脂肪であるスエット、レモンの表皮やオレンジピール、砂糖を加えて練ったタネを、パイ生地で包んでつくる。フランスでは珍しい甘辛風味。熱々で前菜またはデザートとして食べる。18世紀半ば、この地に滞在したインド総督のために、インド人コックがつくったスパイシーで甘い羊のパテが起源とか。

クレーム・カタラン

クレーム・ブリュレ（P122）の原型ともいわれるデザート。卵、牛乳、砂糖をベースに、レモンやオレンジなどの柑橘と、シナモンやアニスで風味づけしている。食べる直前に表面に砂糖をふり、熱した焼きごてを押しつけてパリパリにキャラメリゼする。クレーム・ブリュレが湯せん焼きするのに対し、炊いたカスタードを冷蔵庫で冷やしかためてつくる。柑橘やシナモンをつかうのは、アラブの食文化の影響とも。

カルゴラード

「プティ・グリ」（小型の灰色）と呼ばれる小型のエスカルゴ（P58）を、塩とパプリカパウダー、タイムで味つけし、焼き網にのせて炭火で焼く、カタルーニャ伝統のバーベキュー。アイオリソースを添え、革のワイン袋から豪快に赤ワインをだして飲むのが流儀。カタルーニャ料理に欠かせない生ソーセージ「ブティファラ」や、骨つきの背肉も一緒に焼く。イースターマンデーや聖霊降臨祭の月曜日などハレの日のごちそう。

フランスは紀元前からワインづくりの歴史があり
生産量も世界第1位を誇るワイン大国。
地域ごとの気候や土壌、
地勢にもとづき、最適なブドウ品種や製法が確立され
多様なワインが生まれている。

ワイン

1 ロワール

ロワール川沿いに中央山塊から太平洋にかけて広がる。冷涼な気候と、多様性に富んだ土壌に育まれた、フルーティーで軽やかな若飲みタイプのワインが主流。シュナン・ブランやソーヴィニョン・ブランの、酸がいきいきした辛口の白ワインのほか、さわやかでフルーティーな辛口と甘口のロゼワイン、芳醇な甘口白ワインでも知られる。

3 南西部

ボルドーの南からピレネー山脈までの、広大なエリアに産地は点在する。多様性に富んだ土壌と、多くの土着品種を多く含む多彩なブドウ品種から、バラエティーに富んだワインが生まれている。ほどよい酸味があり、バランスがよい。赤ワインは重厚なものや、肉づきがよいタイプで、白ワインは酸がいきいきとした辛口から、とろりとした甘口まで幅広い。ロゼはクリアなタイプと濃厚タイプにわかれる。

5 シャンパーニュ

この地のワインのほとんどが、スパークリングワインの代名詞であるシャンパーニュ。冷涼な気候と、白亜質という石灰が豊富な土壌ゆえ、酸味の強いブドウが育ち、透き通ったミネラル感に富んだ、酸がいきいきとしたエレガントなワインが生まれる。白ブドウ品種のシャルドネ、黒ブドウ品種のムニエとピノ・ノワールが主要3品種。

7 ブルゴーニュ

フランス屈指の銘醸地。一般的に、赤はピノ・ノワール、白はシャルドネという単一品種のブドウからつくられる。土地の個性を反映したエレガントなワインが魅力。南北に細長く連なるブドウ畑は、石灰質や粘土質の入り組んだ複雑な土壌構成で、村や畑ごとに格づけされている。

2 ボルドー

フランス最大のAOP（P89）ワイン生産地で、シャトー・マルゴーやシュヴァル・ブランなど、世界的な高品質ワインで知られる。海洋性気候で、産地は3つの大きな河川流域に集中。8割が赤ワインで、カベルネ・ソーヴィニョンやメルロ、カベルネ・フランを主体に、複数の品種をブレンドしてつくる。フルボディの芳醇な赤ワインを生む。

4 ラングドック＝ルシヨン

フランス最大規模の栽培面積。地中海性の温暖で乾燥した気候に恵まれ、しっかり熟した甘みの強い、酸味がおだやかなブドウが育つため、アルコール分が高めのパワフルなあたたかみのある赤ワインが主流。カジュアルなテーブルワインが中心だが、近年は良質なAOPワインも増加。天然甘口ワイン（P86）とオーガニックワインの宝庫でもある。

6 アルザス

最北の産地ながら、ヴォージュ山脈が大西洋からの冷たい風をさえぎるため、降雨量は少なく、日照に恵まれている。9割が白ワインで、リースリング、ピノ・グリ、ゲヴュルツトラミネール、ミュスカが代表品種。いきいきとした酸の、みずみずしくさわやかな味わいの辛口がメイン。過熟または貴腐化したブドウからつくる甘口も。

8 ボージョレ

ガメイからフレッシュな味わいの軽やかな赤ワインが生まれる。有名な「ボージョレ・ヌーボー」は、収穫した年の11月の第3木曜日に解禁になる醸造したての若飲みワイン。北部には格上の産地「ボージョレ・ヴィラージュ」があり、さらに最北の10地区では、「クリュ・ボージョレ」という、芳醇な味わいの高品質ワインもつくられている。

1 *Loire*
ロワール
栽培面積 　5万1900ヘクタール
年間生産量 284万ヘクトリットル

2 *Bordeaux*
ボルドー
栽培面積
11万7500ヘクタール
年間生産量
500〜600万ヘクトリットル

3
南西部
栽培面積 　5万1500ヘクタール
年間生産量 160万ヘクトリットル

Sud-ouest

Roussillo

4

9 ジュラ、サヴォワ

小規模ながら、土着品種をつかった個性的なワインの宝庫。ジュラは「ヴァン・ジョーヌ」（黄ワイン、P124）や「ヴァン・ド・パイユ」（P90）、サヴォワはモンドゥーズのパワフルでコクのある高級赤ワインと、ジャケールが主体の軽快でさわやかな白ワインで有名。自然派ワイン（P96）も必飲！ ツウのあいだで評判のワインがたくさんある。

10 ローヌ

北部は大陸性気候で、花崗岩質が中心の土壌。河岸の急斜面にひらかれた畑が多い。シラーを単独でつかうスパイシーな赤ワインがメイン。南部は地中海性気候で、畑はおもに砂質や石灰質の土壌の平地に広がる。大半がグルナッシュ・ノワールを主体に複数の品種をブレンドしてつくる。あたたかみがあり、やわらかなタンニンの赤ワインが中心。

11 プロヴァンス、コルシカ

プロヴァンスはフランス最古のワインの生産地。地中海性気候のもと生産されるワインの大半が、辛口のロゼワイン。フレッシュで軽やかなタイプが多く、ハーブやスパイスのニュアンスをまとう。コルシカでも紀元前600年ごろからワインがつくられており、ニエルッキのフルーティーでスパイシーな風味のロゼと赤ワインがメイン。

Champagne
5 シャンパーニュ
栽培面積
3万4000ヘクタール
年間生産量
230万ヘクトリットル

Alsace
6 アルザス
栽培面積
1万5500ヘクタール
年間生産量
115万ヘクトリットル

Bourgogne
7 ブルゴーニュ
栽培面積
2万8700ヘクタール
年間生産量
150万ヘクトリットル

Beaujolais
8 ボージョレ
栽培面積
1万6500ヘクタール
年間生産量
100万ヘクトリットル

Jura / Savoie
9 ジュラ、サヴォワ
栽培面積
ジュラ2500ヘクタール
サヴォワ2200ヘクタール
年間生産量
ジュラ8万6000ヘクトリットル
サヴォワ14万ヘクトリットル

Rhône
10 ローヌ
栽培面積
6万1000ヘクタール
年間生産量
250万ヘクトリットル

Provence
11 プロヴァンス
栽培面積 2万9000ヘクタール
年間生産量 130万ヘクトリットル

Languedoc
4 ラングドック＝ルシヨン
栽培面積
23万6000ヘクタール
年間生産量
1270万ヘクトリットル

Corse
11 コルシカ
栽培面積
7000ヘクタール
年間生産量
35万ヘクトリットル

AOC、AOP、IGPって？

ヨーロッパでは、ワインだけでなく、さまざまな食品や農作物に品質保護のための認証が定められている。

原産地統制呼称（AOC）、原産地呼称保護（AOP）
AOCは、作物のルーツ、呼称の使用権限、生産物が産出されるべき地域の特定を保証するものとして制定され、1992年には、産地名の保護を目的に、EUにおける規則としてAOPが制定された。

地理的表示保護（IGP）
欧州基準の規定。1992年に制定され、生産品名称に掲げられた地域に由来する産物であることが求められ、産物の価値を保護することを目的とする。

「ヴァン・ド・フランス」は原産地表示のない日常づかいのテーブルワインです

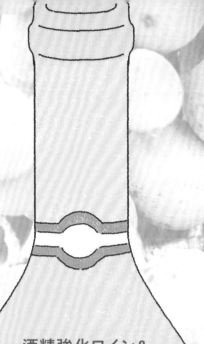

今日はなにを飲む？

ワインは、ブドウ果汁を発酵させたシンプルなお酒。つまりワインの品質は、用いるブドウで決まり、原料となる品種の特徴や質がそのまま反映される。ワインのタイプは、製法や色の違いでいくつかに分類できる。

赤ワイン

果皮が紫の黒ブドウからつくられる。果皮には赤い色素とタンニンが含まれており、発酵の際に果皮や種子を果汁と一緒につけこむことで、ワインは赤くなり、タンニンによる渋味がもたらされ、アロマも引きだされる。ピノ・ノワールのように果皮が薄い品種なら、タンニンもおだやかで、色も薄いワインになる。グルナッシュのように糖分が高ければ、アルコール分が高く、酸味が少なく、あたたかみのあるワインに。

ロゼワイン

赤と白の中間の位置づけのピンクのワイン。黒ブドウからつくる。赤ワインのように果皮や種をつけこんで、ほんのり色づける方法と、白ワインのように皮つきのままプレスして色を抽出する方法がある。味わいは、製法や産地、品種などによって、甘口から辛口、フレッシュかつフルーティーで軽やかなものから、しっかりしたコクのあるものまでさまざま。

白ワイン

果皮が黄緑の白ブドウからつくられる。皮つきのままプレスして果汁をしぼり、果皮と種をとりのぞいたあと、果汁だけを発酵してつくられるため、果肉の成分が決め手。ワインにいきいきとした味わいとフレッシュさをもたらす酸味が重要。酸味が豊かなシャルドネやソーヴィニョン・ブランをつかえば、さわやかで軽快なワインに仕上がり、ゲヴュルツトラミネールなど風味が豊かなブドウをつかえば、際立ったアロマのワインが生まれる。

スパークリングワイン

発酵により発生する炭酸ガスを多量に含んだ、発泡性のあるワイン。製造法はいくつかあり、シャンパーニュは、ベースとなるワインに糖分と酵母を加え、ボトル内で発酵させてつくる。酵母の働きでブドウの糖分がアルコールにかわり、同時に炭酸ガス（二酸化炭素）が発生するが、逃げ場がなくボトル内に閉じこめられてワインにとけこむため、スパークリングワインができる。

酒精強化ワイン＆甘口ワインって？

酒精強化ワインは、発酵前または発酵中に人為的にアルコールを添加し、発酵をとめて糖分を残してつくるワイン。発酵を停止するタイミングにより、辛口にも甘口にも仕上がる。ラングドック＝ルションの「ヴァン・ドゥー・ナチュレル」（天然甘口ワイン）やジュラの「マクヴァン・デュ・ジュラ」など。

甘口ワインは糖度の高いブドウからつくる。「ヴァン・ド・パイユ」は収穫したブドウを、わらやすのこの上で干しブドウにして糖度をあげる。「遅摘みワイン」は通常の収穫時期に収穫せず、糖度が凝縮した過熟ブドウからつくり、アルザスの「ヴァンダンジュ・タルディヴ」が有名。貴腐ワインは、貴腐菌（ボトリティス・シネレア）と呼ばれる菌がはたらいて糖度が高まる貴腐化したブドウを用いてつくり、代表格はボルドーの「ソーテルヌ」。

フランスを代表する主要品種

フランス原産ながら世界中のワイン産地でも栽培されるようになった国際品種に加え、各土地に根づく固有品種も多い。

■ **カベルネ・ソーヴィニヨン**
　代表産地　ボルドー左岸、南西部、ラングドック

■ **メルロ**
　代表産地　ボルドー右岸、南西部、ラングドック

■ **シラー**
　代表産地　ローヌ、ルシヨン

■ **ピノ・ノワール**
　代表産地　ブルゴーニュ、シャンパーニュ、アルザス

■ **グルナッシュ**
　代表産地　南部

シャルドネ
　代表産地　ブルゴーニュ、シャンパーニュ、ジュラ、ラングドック

ソーヴィニヨン・ブラン
　代表産地　ロワールの上流域（サンセールとプイィ・フュメ）、ボルドー

シュナン・ブラン
　代表産地　ロワール川中流域（ヴーヴレやアンジュ）

リースリング
　代表産地　アルザス

セミヨン
　代表産地　ボルドー（グラーヴ、ソーテルヌ）、南西部（モンバジャック）

ワイン＋ビール＝ヴィエール！

ワイン大国のフランスだが、実はビールも日常的によく飲まれている。歴史をたどればビールが主流だった時代のほうが長い。フランス人のご先祖のガリア人にとってお酒といえば大麦ビールであり、中世では修道院が独占的に醸造してよく飲まれていた。

しかし、ワインが都市部などに普及するにつれてビールの人気は衰え、15世紀になるとおもな消費地は北部からアルザスにかけての一帯のみとなった。これらの地域では今でもビール文化が根づいており、北部といえば「ビエール・ド・ギャルド」（貯蔵ビール）、アルザスといえばフランスを代表する「クローネンブルグ1668」だ。

ワイン人気のかげに隠れながらも、1900年の時点では、主要都市すべてにビール醸造所が存在し、4000軒にもおよんだ。第二次大戦後は減少の一途をたどり、25軒にまで落ちこんだ。しかし近年、「ミクロ・ブラッスリー」（マイクロブルワリー）と呼ばれる、小規模なビール醸造所が台頭し、クラフトビールや地ビールが人気だ。消費量そのものはワインにおよばないが、ビール醸造所の数は2500以上にのぼり、ドイツやイギリスをしのいでヨーロッパ随一を誇る。野生の酵母や微生物により自然発酵させるワイルド・エールや、ワインや蒸留酒の古い樽による樽熟成ビールをはじめ、フルーツや花、ハーブやスパイスを用いた、斬新でユニークなビールが次々に登場している。コルシカの栗のビール、ブルターニュのそばのビール、ロレーヌのミラベルプラム（P67）のビール、南東部アルデッシュのブルーベリーのビールなど、地元の特産品をつかったご当地ビールも人気が高い。各地のクラフトビールが、フランスの美食の歴史に新たな1ページを刻む時代がきたのだ。

パリとその郊外にも新世代の醸造所が次々と誕生。パリのマイクロブルワリーの先駆け、18区にある「ブラッスリー・ドゥ・ラ・グット・ドール」を筆頭に、ワイン（vin、ヴァン）とビール（bière、ビエール）を融合させた新世代ドリンク、「ヴィエール」（vière）を打ちだした「ガリア」が、クラフトビールのトレンドを牽引している。

Tchin-tchin!
ワインをたのしもう！
料理とのマリアージュ

おいしい料理のおともにしたいワイン。
フランス全土を見渡せば、赤、白、ロゼ、
シャンパーニュと、各種さまざまにそろう。
なにを組みあわせるかは永遠の課題だ。

アペリティフとの組みあわせ

料理がスタートする前に軽食とたのしむアペリティフ。野菜やチーズなどちょっとした食材をつかってつくられた小さなパイやカナッペ、ヴェリーヌなど、多様な軽い料理には、フレッシュでフルーティーなワインがおすすめだ。

スパークリングワイン
オードブルのほか、ドライフルーツとも相性抜群。

軽い辛口＆軽い甘口白ワイン
チーズや野菜、魚をつかった軽い料理に。

淡い＆酸がいきいきとしたロゼワイン
魚や野菜がメイン食材の軽い料理に。

フルーティーでしなやかな赤ワイン
シャルキュトリーやスパイスをつかった料理に。

温度も大事

ワインを料理と味わうには、ワインを適正温度に保っておくようにしよう。一般的に以下が目安だ。

- **タンニンの強い赤ワイン** 16〜18℃
- **力強い赤ワイン** 14〜16℃
- **軽めの赤ワイン** 12〜14℃
- **アロマが豊か＆丸みのある白ワイン** 8〜12℃
- **中甘口＆極甘口の白ワイン＆ロゼワイン** 8〜10℃
- **スパークリングワイン** 6〜10℃
- **甘口ワイン** 6〜8℃

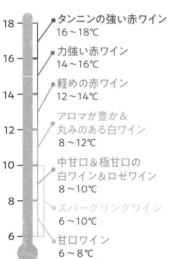

絶対的ルールはないけれど…

ワイン選びにルールはないが、一般的に次の点を手がかりに組みあわせるのがよいだろう。

料理の色と似た色のワイン
料理のメイン食材と同じ産地のワイン
軽い料理には軽いワイン、重い料理には重いワイン
方向性のまったく違う自己主張の強い料理とワイン
料理と共通する風味のあるワイン

肉やシャルキュトリーにあうのは？

肉やシャルキュトリーの味わいにあうワインは、力強いもの。一般的には、グリエなどシンプルな調理法の料理には、厚みがあってフルーティーなワイン、ソース仕立てのリッチな料理にはタンニンの感じられるワインを！

力強いスパークリングワイン
白身肉のシンプルなローストやクリーム系料理、仔羊などピンクの色をした肉料理に。

軽い白ワイン&赤ワイン
テリーヌ（P77）やリエット（P77）、アンドゥイユ（P77）などのシャルキュトリーやタルタル、ポトフなどに。

パワフルな辛口白ワイン
ソースをあわせた家禽の肉料理、白身肉や内臓系の料理、シャルキュトリー、フォワグラ（P100）などに。

濃厚でフルーティーな甘口白ワイン
フォワグラのテリーヌやポワレに。甘辛い照り焼き料理にはフレッシュな酸があるものを。

フレッシュで軽いロゼワイン
ドライなシャルキュトリーに。

コクのあるロゼワイン
仔羊、白身肉、ソーセージのグリエに。

フルーティーでコクのある赤ワイン
グリエやローストした肉、ジビエ（P84）、内臓をつかった料理に。

タンニンのしっかりしたパワフルな赤ワイン
脂肪分の多いジューシーな赤身肉、リブロース、鴨、仔羊などのグリエやローストに。とくに若めのワインがあう。

スパイシーであたたかみのある赤ワイン
脂肪分の多い仔羊やジビエのローストや煮こみ料理に。

パワフルな赤ワインって？

パワフルな赤ワインとは、濃厚で力強いワインをいう。強烈な香りのあるタイプから、なめらかであたたかみのあるタイプまでさまざまにある。

軽い赤ワインとは、フルーティーかつタンニンが穏やかでしなやかなワインを指す。

デカンタはどうする？

ワインによっては、デカンタに移しかえてもよいだろう。アロマを引き立てたり開かせるだけでなく、沈殿物（澱）をとりのぞくことができる。ワインの美しい色もたのしめる。

魚や魚介には白またはロゼを

シーフードには、白かロゼのワインがベスト。なかでも、力強いタイプはシーフード全般にあう。赤ワインはというと、ヨードを含むシーフードと致命的にあわないが、みずみずしくて軽い赤ワインが例外的にあう。しかし、赤身魚のグリエにかぎられる。

酸がいきいきとしたミネラルに富むスパークリングワイン
生またはポワレした貝類、白身魚のポワレやロースト、軽いソースをあわせた白身魚の料理に。

極辛口スパークリングワイン
生のシーフード料理に。

酸がいきいきした軽い辛口白ワイン
グリエやフライ、生のシーフード料理に。

コクとフレッシュさのある辛口白ワイン
ポワレした白身魚や、ロブスターなどの甲殻類や貝類のクリームソース仕立て、軽いソースをあわせた白身魚の料理に。

パワフルな辛口白ワイン
ウナギやサーモンといった脂がのった魚料理や、燻製、包み焼き、煮こみ料理に。

酸がいきいきしたロゼワイン
生のシーフード料理やグリエ、リエット（P77）やテリーヌ（P77）に。

みずみずしくて軽い赤ワイン
赤身魚のグリエに。古酒は脂がのった魚料理にも。

パワフルな辛口白ワインって？

パワフルな辛口白ワインとは、完熟ブドウからつくられたボリューム感のある濃厚なワインを指す。

軽い白ワインとは、酸がいきいきとしてフルーティーで、植物系の香りが華やかなワインをいう。香りの強さは、ブドウの品種によって異なる。好みのワインを選ぼう。

ワインクーラーをつかった裏技

ワインを早く冷やしたい場合、濡れた布きんやペーパータオルを巻いて冷凍庫に入れる手もあるが、氷を入れたワインクーラーに粗塩をひとつかみ入れてみよう。8℃ぐらいまでなら10分もあれば冷えるだろう。

ベジタリアン料理にもワインを！

野菜にあわないワインはないといってもよいぐらい無数に、白、赤、ロゼの各ワインとの組みあわせがある。ただし、気をつける点もある。タンニンとの相性がよくない緑色野菜との組みあわせだ。

🍷 **軽めの白ワイン**
ヴィネガーがひかえめのサラダや野菜のオーブン焼き、ワカモレ、タブナードに。

🍷 **パワフルな辛口白ワイン**
きのこのクリーム仕立てをはじめとするきのこ料理、野菜の温製料理、スパイスやハーブをつかった料理に。

🍷 **フレッシュなロゼワイン**
サラダや、野菜のスープやテリーヌ、煮こみ料理、詰めもの料理などに。

🍷 **パワフルながらタンニンがやわらいだ赤ワイン**
セップ茸（P101）のポワレや、モリーユ茸（P101）のソースなどのきのこ料理、トリュフ（P101）をつかった料理に。

万能なワイングラス

ボルドー型、ブルゴーニュ型、フルート型など、さまざまな形のワイングラスがあるが、おすすめはもちやすくてアロマを堪能できる、エレガントな万能型のグラス。スリムで長いステム（脚）とチューリップ形のボウルをもつ、高さが20cmほどで容量が300mlの無色透明のグラスだ。

ワイン1本をたのしむなら…

ワインの飲みかたがかわり、料理ごとにワインをかえることはフォーマルな場でのことになってきている。

食事のはじまりからおわりまで同じワイン1本をたのしむなら、オールマイティーに活躍するワインを選ぼう。白ワインならコクがあって酸もしっかりしたもの、赤ワインなら軽やかでタンニンがしなやかなものがおすすめだ。

チーズとワインは好相性

チーズとワインはともにアルカリ性の発酵食品で、多くの組みあわせをたのしむことができる。赤ワインとの組みあわせが定番だが、すべてのチーズにマッチするとはかぎらず、白ワインとのほうが相性がよい。チーズの性質や成熟度も、相性をみるポイントになる。

🍷 **スパークリングワイン**
熟成の進んだコンテ（P118）などのハードタイプ（P118）、シェーヴルチーズ（P119）、フレッシュチーズ（P117）に。

🍷 **酸がいきいきとしたさわやかな軽めの白ワイン**
シェーヴルチーズや、やや熟成したハードタイプ、フレッシュチーズに。

🍷 **酸がしっかりとした芳醇な白ワイン**
白カビタイプ（P118）やコンテなどハードタイプ、カンタル（P117）などのセミハードタイプ（P117）のチーズに。

🍷 **香りが高くパワフルな辛口白ワイン**
エポワス（P59）などウォッシュタイプ（P117）や、コンテなどのハードタイプ、個性的なチーズに。

🍷 **酸がいきいきとした中甘口白ワイン**
成熟したプルビチーズ（P119）やシェーヴルチーズに。

🍷 **タンニンが少ないしなやかでフルーティーな赤ワイン**
若いハードタイプや、カマンベール（P118）などの白カビタイプ、カンタルなどのセミハードタイプのチーズに。

🍷 **タンニンがやわらかいパワフルな赤ワイン**
カンタルなどのセミハードタイプのチーズに。

🍷 **天然甘口赤ワイン**
ブルーチーズ（P118）など塩味とうまみの強いチーズ、エポワスなどウォッシュタイプのチーズに。

飲み残したら…

ワインは開封すると、空気中の酸素に触れてゆっくりと確実に酸化していく。飲み残したら、できるだけ密封性の高い栓をして、空気と触れる面が広くならないように立てたまま冷蔵庫で保存すること。数日は時間とともに変化する味わいをたのしめる。ただし、赤ワインは飲む前に冷蔵庫からだして適した温度に戻そう。

自然派ワインはデリケート

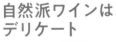

自然派ワインは、亜硫酸塩が添加されていないので酸化しやすい。若いうちから軽くてたのしめるものが多いので、購入したら早く飲もう。ワインセラーで保存しておく際は高温と振動に要注意。ちなみにフランスでは近年、自然派ワインの定義がかたまり、試験的に「Vin Nature méthode（自然派ワインメソッド）」という認証マークを試験的につけることが許可された。

デザートには甘口ワイン

デザートは甘口ワインがマスト。辛口ワインは甘いデザートと組みあわせることで、口あたりが悪くなる。ワインの果実味が感じられなくなり、酸を強く感じるようになるのだ。

甘みのあるフルーティーな白のスパークリングワイン
フルーツ自体や、フルーツのムースなど生のフルーツがメイン食材のデザートに。

甘みのあるロゼのスパークリングワイン
赤系のフルーツをつかったデザートに。

フルーティーでフレッシュな中甘口の白ワイン
白や黄色のフルーツのタルトやクランブルに。

パワフルでリッチな極甘口白ワイン
クレーム・ブリュレ（P122）などのカスタードクリーム系や、濃厚な甘さのデザートに。

フルーティーな若い甘口赤ワイン
赤系や黒系のフルーツやビターチョコレート、ミルクチョコレート、キャラメル、コーヒーをつかったデザートに。

ワインの保存のしかた

ワインをベストな状態で保存しておくことは、料理と組みあわせる際の大切なポイントでもある。次の点に気をつけたい。

暗い場所を選ぶ
ボトルは横に寝かせる
振動と強いにおいを感じる場所は避ける
9〜14℃で保存する
湿度70〜80%で保存する

スクリューキャップだってすごい

見た目がイマイチという声が多く、コルク栓より人気のないスクリューキャップだが、保存には便利で役に立つ面もある。密封性が高いうえ、コルク栓のように乾燥しないよう寝かせて保存する必要がない。おまけに、コルクが原因のにおいによるリスクも少ない。

あちこち食材めぐり 13
ジビエとシャルキュトリーの都
シャンパーニュ=アルデンヌ

華やかなシャンパーニュのイメージとは裏腹に、ブドウ以外の耕作は
不向きな土地で、この地は長らく貧しかった。食文化からは
かつてのつつましやかな農村の暮らしが見えてくる。

CHAMPAGNE-ARDENN

厳しい自然環境

ベルギーと国境を接する北部のアルデンヌと南部のシャンパーニュにわかれるこの地は、海路が発達するまでヨーロッパ各国の商業交通の交差地として栄えた。戦乱に巻きこまれると、農業に向かない土地柄、ブドウ栽培に成功してシャンパーニュの製造が盛んになるまで、牧畜を中心とした貧しい地域に。そのため、シャンパーニュをつかう料理と、豆や野菜を用いたスープやシャルキュトリーのパイが郷土の味となっている。

華やかさとつつましさと

シャンパーニュ

シャンパーニュのセラーがある村々をつなぐ500kmにわたるシャンパーニュ街道は、この地域の象徴。ブドウ栽培のフランスにおける北限の地域にあり、冷涼な気候を反映した繊細な酸のエレガントなシャンパーニュがつくられている。パールのように輝く泡も魅力のひとつ。シャンパーニュ以外の地域のスパークリングワインではお目にかかれない美しさだ。

ワインヴィネガー、マスタード

ワインヴィネガーはワイン、マスタードはワインヴィネガーが原料であるため、どちらもワインの産地で発展してきた。シャンパーニュの中心生産地ランスの琥珀色のヴィネガーは、シャンパーニュ製造の過程ででる澱を含む発酵液を原料に、オーク樽で熟成させてつくられる。ウッディな香りとまろやかさが特徴だ。このヴィネガーからつくられるマスタードは、なめらかで、フルーティーなワインのような風味。

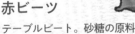

赤ビーツ

テーブルビート。砂糖の原料となるビートの仲間で、根も葉柄も赤い（P104）。古代ギリシア・ローマ時代には、葉のみを食べ、根は薬としていたが、中世から根も食べるように。甘さのなかに土っぽい風味がある。チコリ（P104）とサラダにしたり、丸ごとローストしたり、グラタンにしたり。ジビエ（P84）と相性がよいため、ノロジカやイノシシ、キジなどの料理に、ピュレにして添える。

甜菜糖

フランスの砂糖の代名詞、甜菜糖。大根やかぶに似た白いビーツ（サトウダイコン）の根をしぼり、煮詰めてつくる。まろやかな甘さと豊かな風味、コクがある。この地域はビーツ国内生産の20%を占める主要産地であり、甜菜糖も名産品。郷土菓子には、円盤形のブリオッシュ生地の表面に、バターと砂糖を広げた「ガレット・ア・シュック」（砂糖のガレット）がある。

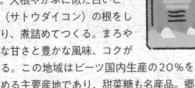

川魚

シャンパーニュを流れるマルヌ川では、昔はマスやカワカマス、コイ科の魚が豊富にとれた。今や漁獲高は減ったものの、郷土料理として「カワカマスのファルシ」がある。マッシュルームなどを詰め、シャンパーニュをふってローストしてつくる。「シャンパーニュ風マトロート」は、川魚をハーブと地元の白ワインで煮こみ、煮汁に卵黄と生クリームでとろみをつけた料理。

シャウルス

シャンパーニュ南部のシャウルス村と周辺でつくられる、牛乳を原料とした白カビタイプのチーズ（P118）。12世紀初頭に修道院で誕生し、つくりかたを伝えたことで、家庭でもつくられるようになった。クリーミーで、熟成するにつれてコクが深まり、きのこやナッツのような香りがする。シャンパーニュのおつまみにぴったりで、オムレツにしたり、名産のアンドゥイエット（下、P77）とじゃがいもとグラタンにするのもお約束。

アルデンヌの乾燥生ハム

アルデンヌでは養豚が盛ん。20世紀初頭までは、どこの農家も梁につるして乾燥生ハムをつくっていた。やわらかくてメロンのようなフルーティーな香りが魅力で、おいしさの秘密は湿気の多い気候にある。乾燥に時間がかかるため、じっくり熟成され、うまみが凝縮されるのだ。地元のビールやシードル（P64）にあうのはもちろん、オムレツにもする。ちなみにベルギーの「アルデンヌのハム」とは別モノ。

鹿

アルデンヌ山地の広大な森や、シャンパーニュとの境に点在する森は、イノシシやツグミなどジビエの宝庫。体長1.3ｍほどの小型のノロジカの狩猟場で、秋から冬にかけてのシーズンには、待ち伏せ猟や、猟犬をつかった追いこみ猟が行われる。ノロジカの肉はやわらかく風味豊かで、鞍下肉をマリネしてからローストする「アルデンヌ風」や、フィレ肉のクリーム仕立てがある。

アルデンヌの赤い七面鳥

アルデンヌのみで飼育される、赤茶の羽毛のめずらしい七面鳥。16世紀末、シャルル9世の婚礼の宴で初お目見えして以降、人気を博し、王侯貴族の食卓を飾った。一時は飼育が途絶えたが、1980年代に復活し、ブランド七面鳥に。ゆっくり育つことで、肉質がやわらかく、滋味深いうまみとコクが生まれる。詰めものをしてローストした料理はクリスマスのごちそう。地元では、アルデンヌ風にビール煮こみも好まれる。

アンドゥイエット

フランス各地でつくられる内臓をつかったソーセージ。発祥の地ともいわれるのが、この地の南部に位置するトロワ。短冊状に切った豚の大腸を主役に、のど肉や胃を詰め、香味野菜を加えたブイヨンでゆでてつくる。グリエかポワレし、薄切りにして前菜にしたり、マスタードソースをかけて食べる。昔は、仔牛の乳房肉と腸間膜をつかっていたが、豚肉が加えられはじめ、19世紀半ばに今のように豚肉だけになった。

ルテルの白ブーダン

豚の赤身肉と、牛乳、卵を混ぜたタネを腸詰めにしたもの。アルデンヌ中部の町ルテルで17世紀に誕生したというが、原型は、牛乳やパン粉、ラード、でんぷん、ハムや肉でつくられたおかゆ状のクリスマス料理だったよう。レシピは改良されつづけ、19世紀半ばに今のスタイルに。クリスマスメニューの定番で、バターでポワレし、じゃがいものピュレや、りんごのローストやコンポートを添える。

豚足のパン粉焼き

豚足を煮こんだあと、衣をつけてバターで揚げ焼きにした料理。ランス近郊サント＝ムヌーの名物。革命後にルイ16世が国外逃亡を試みるも、これを食べたくて寄り道したせいで逮捕されたという逸話もある。7時間ほど煮こむため、骨までやわらかく、骨髄の中身をえぐりだして食べる。「サント＝ムヌー風」といえば、この調理法でつくられた料理を指し、豚耳や仔牛の足、牛テールなどでもつくられる。

カカス・ア・キュル・ニュ

風味づけのためだけに鍋にベーコンをこすりつけ、じゃがいもと玉ねぎを入れてコトコト煮て、バターと小麦粉を混ぜたルーでとろみをつける煮こみ料理。ニュは「裸」を意味し、「裸＝肉が入らないこと」のたとえから、「裸のカカス」という名がついた。アルデンヌの貧しい農家の料理だったことから「貧者の料理」といわれていたが、今ではスモークソーセージとベーコンが添えられ、郷土の味となっている。

ガトー・モレ

「ふんわりしたケーキ」という名のとおり、バターがたっぷり入ったケーキとブリオッシュの中間のようなアルデンヌの郷土菓子。起源は17世紀のフランドルにあるという説や、クグロフ（P63）に似ていることから、19世紀末の普仏戦争の際に逃れてきたアルザス人がもちこんだという説もある。かつてはお祝いのお菓子として親しまれ、結婚式の宴の席では、ケーキに隠された指輪をみつけた人は良縁に恵まれると信じられていた。

鴨、ガチョウ、フォワグラ

「家禽の王さま」として君臨する鴨。
ガチョウも古来から祝いの食卓を彩ってきた。
どちらからもフォワグラがつくられる。
フランスはフォワグラの最大の生産国にして消費国だ。

鴨　　　　　　　　　　　　ガチョウ

ガンカモ科のマガモ。肉は鮮やかな赤色でやわらかく、風味がすぐれている。生後2〜4か月の仔鴨は、ふっくらと丸みを帯び、肉がやわらかい。丸ごとローストすることも多く、蒸し煮や串焼き、パテやバロティーヌなど調理法はさまざま。脂っぽく身がしまっているためフルーツと相性がよく、古典料理の「鴨のオレンジ煮」は代表格。フランスで大半を占めるのは大型品種のバルバリー種。上品な風味のナント種や、野鴨の風味をもつルーアンのちっ息鴨（P55）は、有名で評価も高い。フォワグラ用に肥育した鴨の胸肉は「マグレ」と呼ぶ（普通の鴨の胸肉は「フィレ」という）。

カモ科のガン。フランスでは、アルザス種やトゥールーズ種など、大型の灰色種がフォワグラ用として飼育される。フォワグラをとったあとの肉は、コンフィやリエット（P77）、塩漬けや燻製にされ、脂も料理に用いられる。ノルマンディー種など、小型の白色種は肉用。薄紅色で、やわらかくジューシーだ。クリスマスシーズンに生後3〜4か月のものが出まわり、詰めものをして丸ごとローストにしたり、コンフィや煮こみ、シヴェ（P84）にする。かつてお祝い料理は、ガチョウを用いたが、今では七面鳥をつかうことが多い。

フォワグラ

鴨やガチョウに強制的にエサを与えることにより、通常の5〜10倍に肥大させた肝臓。ガチョウの飼育は手間がかかり生産性が低いため、フランスのフォワグラの99%が鴨。ガチョウのフォワグラは1%にすぎない。近年、生産方法に疑問を投げかける声も高まっている。

鴨のフォワグラ
代表的な産地　南西部
色&テクスチャー
アイボリー、クリーミー
大きさ　平均400〜700g
味わい　風味の繊細さはものたりないが、うまみがあり濃厚。味わいが強いので、ソテーやポワレなど加熱調理し、甘酸っぱいソースをあわせることが多い。名物料理は、「ペリゴール風パテ」など。

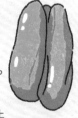

ガチョウのフォワグラ
代表的な産地　アルザス
色&テクスチャー
ピンクや白っぽい色で、しまっている
大きさ　600〜800g
味わい　繊細で苦みが少なく上質。テリーヌ（P77）に向く。名物料理はアルザスのガチョウの「フォワグラのパテ・アン・クルート」（P63）など。

きのこ

フランスのマルシェに並ぶきのこは
ほとんどが天然もの。
実は、マッシュルームのように
通年手に入る栽培種は少ない。
バターでソテーしてオムレツや
ファルシ、料理のつけあわせにする。

ムースロン

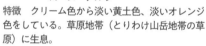

学名　Marasmius oreades
和名　シバフタケ
時期　4～6月
主要産地　オーヴェルニュ、
　　　　　　ローヌ＝アルプ
特徴　クリーム色から淡い黄土色、淡いオレンジ
色をしている。草原地帯（とりわけ山岳地帯の草
原）に生息。
風味　アーモンドやクリーム、小麦粉のような風
味に、フルーティーな香りをもつ。オムレツに最
適で、完熟トマトや玉ねぎとあわせると、風味が
引き立つ。仔牛などの白身肉やクリームとも相性
がよい。オーヴェルニュのブリウドの郷土料理に、
サーモンとのパイ仕立てがある。

セップ茸

学名　Boletus edulis
和名　ヤマドリタケ
時期　8～11月
主要産地　南西部、オーヴェルニュ、
　　　　　　アルザス、中部ソローニュ
特徴　笠が大きく肉厚。香りが高い。落葉樹林や
針葉樹林の酸性土壌に生息。黄土色の「セップ・
ド・ボルドー」が一番人気。
風味　甘い香りにヘーゼルナッツのような味。エ
シャロット（P105）やにんにく、パセリとソテー
するだけでも、料理として存在感がある。新鮮
なものは生でサラダに。イタリアでは「ポルチー
ニ」といい、皇帝ネロは「神々の肉」と呼んだ。

ジロール茸

学名　Cantharellus
和名　アンズダケ
時期　5～11月
主要産地　南西部、中央山塊、
　　　　　　ヴォージュ山脈、中部ソローニュ
特徴　笠のふちがカールしたラッパ形で黄色い。
ケイ酸質の土壌（平地では落葉樹林、山間部では
針葉樹林）に生息。
風味　肉厚で歯ごたえがあり、繊細。下草や桃、
プラム、ヘーゼルナッツのような風味に、ほのか
な苦みとペッパーのようなピリッと感がある。パ
スタやリゾット、オムレツ、じゃがいものソテ
ーなどの風味づけに。ロースト肉やフォワグラ
（P100）のポワレ、魚介類とも相性がよい。生
ならサラダやカルパッチョに。

黒トリュフ

学名　Tuber melanosporum
和名　イボセイヨウショウロ
時期　11～2月（プロヴァン
スのサマートリュフは5～9月）
主要産地　ペリゴール、プロヴァンス
特徴　フランスでトリュフといえば黒トリュフ。
標高500～1000mの石灰質土壌（カシやトネ
リコ、クマシデの木の根元）に生息。
風味　バニラや腐植土を思わせる強烈な香り。
じゃがいもやアーティチョーク（P104）のサラダ、
スクランブルエッグ、ロースト肉、フォワグラやジ
ビエ（P84）料理、パテの詰めものと好相性。ボ
キューズ（P32）のスペシャリテ「黒トリュフと
フォワグラのスープ」は、フォワグラと牛ほほ肉、
トリュフのぜいたくなパイ仕立てスープ。

アマニト・デ・セザール

学名　Amanita caesarea
和名　セイヨウタマゴダケ
時期　9月中旬～11月中旬
主要産地　北部ランス、イル＝ド＝フランス
特徴　ぽってりしたオレンジ色の笠と、クリーム
色の軸をもつ。暑さを好み、日あたりのよい明る
いナラ林や雑木林、栗林で生育する。
風味　肉厚でやわらかく、かすかにヘーゼルナッ
ツのような繊細な風味。ローマ皇帝の食卓で珍重
され、「皇帝のアマニト」の名をもつ。超レアな
高級きのことして君臨。生でカルパッチョや、ロ
ーストやポワレなど、風味をいかした料理につか
われる。近縁種には猛毒きのこが多いので注意！

トロンペット・ドゥ・ラ・モール

学名　Cantharellus cornucopioides
和名　クロラッパダケ
時期　8～11月
主要産地　ブルゴーニュ、オーヴェルニュ、
　　　　　　ジュラ
特徴　灰色から黒色をしている。見た目から「死
者のトランペット」と呼ばれる。落葉樹の薄暗い
森に生息。
風味　薄くてややかたい。こしょうのようなピリッ
と感と、プラムのようなよい香りがある。生クリ
ームを用いたソースとの相性が抜群。バターまた
はオリーブオイルでのソテー、ロースト肉のつけ
あわせ、オムレツに。フランシュ＝コンテでは、
パセリやシブレットをあわせてサラダに。

モリーユ茸

学名　Morchella conica
和名　アミガサタケ
時期　2～4月
主要産地　フランシュ＝コンテ
特徴　大きな網目状の笠がある。
北東部の山岳地帯（落葉樹林や針葉樹林）に生息。
風味　ヘーゼルナッツや肉を思わせる非常に繊細
な風味。毒性があるので生食はNG。市場には乾
燥品が出まわることが多い。オムレツや詰めもの、
パイ、リゾットに。フランシュ＝コンテでは、ク
リーム煮とワイン煮こみが郷土の味として根づい
ている。

プルロット

学名　Pleurotus ostreatus
和名　ヒラタケ
時期　通年
主要産地　－（栽培種）
特徴　ポピュラーな栽培種。天然ものもあり、春
と秋が旬だが、市場に出まわることは非常にまれ。
風味　肉厚でやわらかく、うまみが強い。クセが
少なく、ぷるぷるとなめらかな食感で、料理に繊
細な味わいをもたらす。とくに、洗練された風味
から珍重される「プルロット・デュ・パニコー」は、
近年、「プルロット・エリンギ」と呼ばれて浸透
している。

ローマ時代からの食の交差点
リヨン＆ローヌ＝アルプ

フランス第2の都市リヨンは、ローヌ川とソーヌ川の合流点に広がり
古代ローマ時代から交易の要所として繁栄してきた。平野や丘陵、山岳地帯に囲まれ
多様な産物の恩恵を受け、美食の都としても花開いた。

RHÔNE-ALPES

美食の世界的首都

美食家のキュルノンスキー（P39）に高く評価された、リヨンを中心とした地域。イタリアとパリを南北に結び、東西にジュラ・アルプス山系と中央山岳地帯を結ぶ交差点に位置する。15世紀以降、絹織物の商工業が発展して栄え、食においてもフランスの美食を象徴する地域のひとつに。人口ひとりあたりのレストラン数も、ほかの地域に比べて圧倒的に多い。

お母ちゃん食堂

リヨンでは19世紀半ばから20世紀半ばにかけて、ブルジョワ家庭のメイド兼コックだった女性たちが食堂を次々と開いた。「ウナギのマトロート」や「肥鶏のドゥミ・ドゥイユ風」（右）など、手のこんだ料理を手ごろな値段で提供し、店主の女性たちは、親しみをこめて「リヨンのおふくろ」と呼ばれた。

多くは貧しい家庭の出身で、少女のころからお屋敷での奉公をはじめ、腕をみこまれて先輩コックから料理を仕こまれた女性たちだ。大衆料理とブルジョワ料理が融合したレシピと精神性は、リヨン料理にしっかりと刻まれ、ポワン（P32）やボキューズ（P32）、トロワグロ（P32）、シャペル（P33）など、この地が出身のシェフに受け継がれた。

リヨンのうまいもの7選

「リヨン風」とつけば、リヨンの料理または、バターで炒めた玉ねぎをつかった料理をいう。

❶ セルヴラ
豚肉と豚脂をひいて、トリュフ（P101）やピスタチオと練りあわせ、牛の大腸に詰めたソーセージ。ブイヨンで煮て、ブリオッシュ生地で包んだものは、リヨン料理の前菜の定番。

❷ 牛の胃炒め リヨン風
下ゆでした牛の胃を幅広の千切りにし、玉ねぎとラードとバターで炒めた料理。

❸ 牛の胃のパン粉焼き
下ゆでした牛の胃を四角に切り、卵とパン粉をつけてバターで焼いた料理。

❹ 肥鶏のドゥミ・ドゥイユ風
鶏の皮と身の間に薄切りにしたトリュフをはさみ、野菜とブイヨンで煮こんだ料理。「ドゥミ・ドゥイユ」とは「半喪服」の意味で、鶏の白とトリュフの黒から名づけられた。

❺ セルヴェル・ド・カニュ
「絹織物職人の脳」という名をもつが、脳はつかわれていない。フロマージュ・ブラン（P117）にエシャロット（P105）やシブレットなどのハーブ、にんにくなどを混ぜて調味したチーズディップ。トーストしたパンや、ゆでたじゃがいもに塗って食べる。

❻ リヨン風マカロニのグラタン
エメンタールチーズ（P118）やパルメザンチーズ、生クリームとマカロニをあえてグラタン仕立てにした料理。

❼ リヨン風サラダ
エンダイブ（P104）やピサンリ（P67）などの葉もの野菜に、ベーコンやクルトン、ポーチドエッグ、砂肝などを加えた、ごちそうサラダ！

とびっきりの逸品といえば…

カワカマス

のこぎりのように
鋭い歯が特徴で、「淡水ザメ」
の異名をもつ。西部を流れるロワール川産
（P60）は、繊細で評価が高い。「カワカマス
のクネル」といえばリヨン名物。すり身に
し、バター、小麦粉、卵などと混ぜ、円筒状
に成形してゆでたフランス版はんぺん。オー
ブンでふっくらと焼き、エクルヴィス（P66）
の殻をつかったソース・ナンチュアをかけて
食べる。

ルブロション

東部サヴォワを代表する
ウォッシュタイプのチーズ（P117）。ミルキー
でナッツのようなコクがある。起源は13世
紀にさかのぼり、古語で「再びしぼる」とい
う意味の「ルブルシェ」が語源。かつて放牧
地の地代は、さく乳量に応じて支払う必要が
あったため、完全に乳をしぼらず、地主が確
認したあとにこっそり残りをしぼってチーズ
をつくっていたことに由来する。ゆでたじゃ
がいもに玉ねぎやベーコンを加えたグラタン
「タルティフレット」（右）が代表格。

栗、マロングラッセ

リヨン南西部のアルデッシュは、フランス随
一の栗の名産地。歴史的に栗が主食で、13
世紀ごろには接ぎ木によって栽培が発展した。
今でも栗粉のパンや、「クジーナ」と呼ばれ
る栗のポタージュスープが郷土の味として根
づいている。むいた栗をシロップで煮た「マ
ロングラッセ」もこの地で技術が発
展した名物のひとつ。割れたマロ
ングラッセはピュレやクリームに
加工され、栗のケーキ「アルデ
ショワ」などに用いられる。

ピコドン

南部を代表するシェーヴルチーズ（P119）。
直径5〜7cm、重さ60gほどの小さな円盤
状。500mlものミルクが凝縮されているため、
ミルク感が濃厚。ナッティーなコクと甘みが
あり、若いものはきめ細かくてなめらか。熟
成するにつれて乾燥してかたくしまり、地元
の方言で「ピリッとした」の名のとおり、ス
パイシーで刺激的な風味となり、味わいが深
みを増す。フルーツやはちみつとあわせたり、
グラタンやオーブン焼きにする。

カルドン

カルドンは地中海沿岸原
産。冬の伝統野菜。かすか
な苦みと甘みのあるアーティチョー
ク（P104）に似た葉と柄を食べる
（P113）。古代ギリシア・ローマ時代
に南仏に伝わり、中世になって人気野菜
としてもてはやされ、栽培が広がったという。
ブイヨンでゆでたのちバターで炒め、牛の骨
髄をあしらった料理は、リヨン名物。この野
菜をつかったグラタンは、クリスマスに欠か
せない。

くるみ

アルプス山脈のふも
との町グルノーブル
を中心に、イゼール
川流域が一大産地。
フルーティーでほのかに苦みのあるくるみが
育つ。サラダに加えたり、食後のチーズのお
ともにしたり、料理に加えて風味と食感をプ
ラスしたり。地元では、6月のごく短い期間
に出まわる、殻が緑色の未熟なくるみをジャ
ムやピクルスにしたり、くるみ酒にしてたの
しむ。カラメルをからめたタルトが銘菓。

（P119）（P117）（P60）（P66）（P104）（P113）（P118）

チーズ料理の王国 サヴォワ

雄大なアルプスのあるサヴォワ
は、牛のミルクからつくられる
チーズの宝庫。世界有数のスキ
ーリゾート地としても知られる。
寒さ厳しい冬をのりきるための、
熱々のチーズ料理をめしあがれ。

サヴォワ風フォンデュ

陶器の鍋でとかしたチーズにパンをつけ
て食べる、スイス発祥のチーズ料理「フォ
ンデュ」が郷土料理として発展。ボーフォ
ール、コンテ（P118）、グリュイエール
（P118）の3つのチーズを同量つかうの
がサヴォワ流。さらにルブロションを加
え、濃厚感をアップすることも。

ラクレット

地元の古語で「削る」が語源。伝統的に
は大型のチーズの断面にまきの火をあて
てとかして削り、じゃがいもや生ハムな
どにかけて食べる。チーズフォンデュの
一種。

ドーフィネのラヴィオール

イタリアのラヴィオリの親戚。小麦粉、
卵、水でつくった2cm角の生地に、コ
ンテやエメンタールチーズ、
パセリ、卵などを混ぜたフィ
リングを詰めたもの。

クロゼ・オ・ボーフォール

「クロゼ」と呼ばれる、厚さ2×5mm角
の小さなそば粉のご当地パスタと、ボー
フォールチーズを層にして重ね、こがし
バターとブイヨンをかけ、グラタン仕立
てにした料理。

タルティフレット

ブイヨンでゆでたじゃがいもに、炒めた
玉ねぎとベーコン、白ワインを加え、ル
ブロションをちらしてオーブンで焼いた
グラタン。

野菜

かつてのフランス料理で野菜は
香味のため、あるいはつけあわせや
彩りのために用いられていた。
今は野菜が主役の料理も多く
風味や食感をいかす調理が
好まれるようになっている。

ハーブも大活躍

フランス料理では、刺激や香り
の強いスパイスよりも、風味が
おだやかなハーブが、におい消
しや香りづけに用いられる。

フィーヌ・ゼルブ

「繊細なハーブ」を意味し、基本は生の
パセリ、セルフィーユ、エストラゴン、
シブレットを細かく刻んであわせたミック
スハーブのこと。ソースやドレッシング、
オムレツに混ぜて香りや彩りをプラ
スしたり、調味料のように用いる。

ブーケ・ガルニ

複数のハーブを束にして縛ったもの。フォ
ンやブイヨン、ソース、煮こみなどの香
りづけに用いる。タイムやローリエ、パセ
リをメインに、リーキの緑の部分やセ
ロリ、セージな
どを加えること
もある。

A アスパラガス

ホワイトはほのかな甘み、グリー
ンは強い風味、紫は豊かな香り
と、それぞれに魅力的。フランス
では、春を告げる野菜として愛さ
れるホワイトの生産量が圧倒的に
多い。卵料理に用いたり、ゆでて
ソース・ムスリーヌやソース・オ
ランデーズをかけたり、ヴルーテ
にしたり。魚や肉との相性もよい。
ちなみに、春のごく短い期間しか
出まわらない、アスペルジュ・ソ
バージュ（野生アスパラガス）は
別種。茎が細く、心地よい甘さと
えぐみで人気。

C キャベツ

フランスでは、大きく白、緑、紫
と、葉が縮れたちりめんキャベツ
の4タイプにわけられる。どれも
日本のキャベツより葉の巻きがしっ
かりしていないが、ずっしりと重
い。白は千切りにしてサラダやシュ
ークルート（P63）にする。紫も
同様にサラダやマリネにしたり、
ベーコンと蒸し煮にしたり。緑は
おもに南西部で蒸し煮やスープな
どに用いられる。ちりめんキャベ
ツは、肉を詰めて煮こんだり、鶏
や野鳥と一緒に蒸し煮にすること
もある。

D 赤ビーツ

見た目は赤かぶによく似ているが、
果肉まで深紅色。生だけでなく、
加熱したものも出まわる。土っぽ
さやコケのような風味があり、火
をとおすと甘みが際立ち、ホクホ
クした食感に。生でサラダにする
こともあるが、皮つきのまま丸ご
とゆでたり、ローストしてから調
理に用いることが多い。ドレッシ
ングとあえてサラダにする。ピュ
レやスープ、グラタン、煮こみか
ら焼き菓子やデザートまで幅広く
用いられる。

B アーティチョーク

チョウセンアザミの花が咲く前のつぼみ。食べられるのは、
うろこのように外側をおおうガクを取り除いた花芯。ガクの
根元のわずかな果肉を、歯でこそいで食べることもある。プ
ロヴァンスの紫がかったヴィオレ種が最高級品で、4〜5月
に収穫する若いものは生で食べられる。ブルターニュの大型
品種（P50）も有名。代表料理に、豚の背脂やマッシュル
ームを芯に詰め、蒸し焼きにした「バリグール風」がある。

E チコリ

フランスでは「アンディーブ」という。サラダによく用いる、
葉が細くギザギザの切れこみが入ったエンダイブの近縁種。
小型の白菜のような形をしている。和名「菊苦菜」が示すよ
うに、本来は食べられないほど苦いが、日のあたらない暗所
で栽培することで、ほどよいほろ苦さとかすかな甘みをもつ。
サラダ、蒸し煮、ポワレ、クリーム煮、グラタンと幅広く用
いられる。主要産地はオード＝フランス。

F エシャロット

見た目はウズラの卵サイズの、だ円形の玉ねぎといったところ。基本の香味野菜のひとつ。玉ねぎとにんにくの中間のような風味。玉ねぎより繊細で、辛みはにんにくよりおだやか。みじん切りにして用いることが多く、肉や魚料理に薬味として添えたり、ソース・ベアルネーズやブール・ブラン、赤ワインのソースに用いる。「ボルドー風」の料理にも欠かせない。北部では玉ねぎ、南仏ではにんにくと用いることが多い。

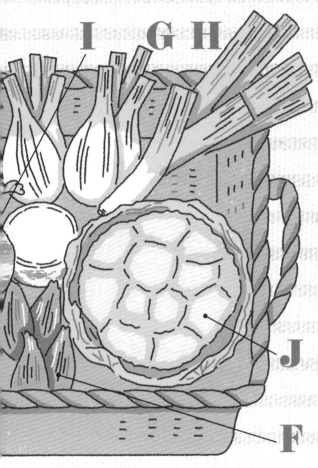

G フェンネル

種はスパイス、葉はハーブとして用いる品種が知られるが、フランスでは野菜として食べるローレンスフェンネル種も一般的。肥大化した根元部分を食べる。玉ねぎのように鱗片が何層にも重なっており、みずみずしくシャキシャキした食感と、アニスを思わせるさわやかな香りをもつ。生をレムラードソースであえたり、相性のよいオレンジとあわせたりして、サラダにすることが多いが、スープや蒸し煮にすることも。

H リーキ

見た目も風味も、日本の下仁田ねぎによく似た太いねぎ。食べるのは白い部分。辛みはほぼなく、やわらかくて甘みがある。フランスでは「貧者のアスパラガス」という異名をもつほど、美味な野菜として親しまれている。蒸し煮やクリーム煮、グラタンにしたり、香味野菜としてスープのベースづくりにつかう。春に出まわる、まだ細いうちに収穫する若いものは、ローストして塩とオリーブオイルで食べるのがおいしい。

I 根セロリ

セロリの変種。800g〜2kgにもなる球形の根が食用。ずっしりと重くしまっており、香りはセロリに似ているが、セロリほどクセがなくおだやかな味わい。生で千切りにしてレムラードソースであえてサラダにする。ゆでてピュレやポタージュにしたり、ポトフなどの煮こみに加えたり、薄くスライスして揚げたり。ローストした肉のつけあわせにもぴったりで、ピュレはジビエ（P84）料理のつけあわせの定番。

J カリフラワー

野生のブロッコリーを改良してできた野菜。16世紀半ば、イタリアからフランスに伝わった。ルイ14世は、ナツメグ風味のバターソースで食べるのがお気に入りだったという。ルイ15世も大好物だったことから、サラダやポタージュなどカリフラワーをつかう料理には王の公妾、デュ・バリー夫人の名がつくものが多い。主要産地はブルターニュ。ピクルスにしたり、ピュレやグラタンにする。

かぼちゃの仲間がいっぱい

フランスでは秋になると、多種多様なかぼちゃがマルシェに並ぶ。家庭料理の定番といえば、かぼちゃのスープやピュレ、ロースト。

ポティマロン

栗かぼちゃ。実は北海道原産。フランスにもたらされたのは1950年代のこと。洋なしのような形で、皮は濃いオレンジ色。ピンクや緑色、青みがかったタイプもある。果肉はやわらかく、栗のようにホクホクと甘い。皮ごと食べられ、ヴルーテやポタージュ、ポワレ、ロースト、グラタンといった料理や、タルトやフラン（P122）などのお菓子やジャムに用いられる。

ポティロン

西洋かぼちゃ。上下が平べったい丸形で、皮の色はオレンジや赤、黄、緑などさまざま。果肉はオレンジ色で水っぽく、繊維質。風味もあまりないため、料理につかわれることはほとんどない。「シトルイユ」と呼ばれることもある。

ドゥブール

バターナッツかぼちゃ。ひょうたんのような形で、皮は淡いベージュや褐色、果肉は濃黄色できめ細やか。ねっとりとした食感と、ナッツのような風味をもつ。ピュレやヴルーテ、グラタンに。

ジラウモン・ターバン

ターバンかぼちゃ。まるで頭にターバンを巻いたような形。果肉はしまっており、甘さのなかにナッツのようなコクがある。ピュレやスープにしたり、スフレ（P123）やジャム、パンにも用いられる。

知る人ぞ知る美食の宝庫
ミディ=ピレネー

赤レンガの建物が立ち並び、「バラ色の街」と呼ばれるトゥールーズを中心に
北には石灰岩台地が広がり、南にはピレネー山脈がある。この地は
ラングドックだった歴史もあり、いずれもの影響を受けた食文化をもつ。

MIDI=PYRÉNÉES

カルスト地形が生む、ツウ好みの名産

かつて西ゴート王国の首都だったトゥールーズを中心に、断崖に張りつくようにたたずむ村々が点在する。17世紀末、トゥールーズから地中海にいたる全長240kmのミディ運河が完成したことで、ワインや産物の流通が盛んになった。現在も、ブドウ栽培をはじめ農業が中心だが、航空宇宙産業の最先端地域という一面もある。石灰岩が浸食されたカルスト台地が、チーズや仔羊、フルーツなど、グルメにはたまらない最高の食材を育む。

ロックフォールと
アルマニャックの里

アルマニャック

世界的に名高いフランス最古のブランデー（P65）。白ワインを連続式蒸留機で1回蒸留したあと、地元産のブラックオーク樽か、リムーザン産オーク樽で最低1年熟成させ、異なった生産年の原酒をブレンドしてつくる。華やかで重層的な味わい。コニャック（P65）に比べてワイルドで男性的。お菓子やソース、マリネ液の風味づけにつかったり、魚やジビエ（P84）をフランベするのに用いる。

カオールのワイン

この地が原産のマルベックという黒ブドウを主体とした、黒みがかった色調の濃厚な赤ワイン。見た目から、「ブラックワイン」ともいう。樽の香りがありアロマが強烈で、力強く、酸とタンニンの骨格がしっかりしているフルボディタイプ。ブラックベリーなどの果実味にスミレのような香りをもつ。酸が豊かでフレッシュ感もある。長期熟成に向く。

ビゴール豚

ピレネー山脈東部に古くからいる黒毛の豚。肥育に時間がかかり、脂が多いことから、一時は絶滅寸前だったが、ブランド豚として復活。ばら肉を塩漬けにし、乾燥かつ熟成させて、粗びきこしょうをまぶした「ヴァントレーシュ」は、とろける脂の甘さで人気。ベーコンのように調理したり、薄切りをパンにのせてアペリティフのおともにしたりする。

ケルシー仔羊

北西部のかつて「ケルシー」と呼ばれた地域には、ジュラ紀に形成された石灰岩台地が広がるが、ケルシー仔羊は、牧草やハーブがわずかに生えるだけのこの不毛の地に適応する固有品種。耳が黒く、目のまわりも黒メガネのようにふちどられた大型種で、おもに母乳で育つ。肉は淡いピンクでとろけるようにやわらかく、繊細な味わい。ピンクにんにく（P107）の風味をきかせた、もも肉のローストが定番。

イザール

森林地帯やピレネー山脈に生息する野生の山羊。「ピレネーシャモア」とも呼ばれる。オスは体長110〜135cm、体重40〜50kgで、メスはひとまわり小さい。オスもメスも先端がかぎ状に曲がった黒く短い角をもち、夏毛は明るい茶色で、冬毛は濃い茶色。草食で、好物は木の葉やブルーベリーなどの木の実。1〜2歳までがもっともおいしい。シンプルにローストやグリエにしたり、地元ではテリーヌ（P77）にもする。

ロカマドゥール

北部のロット周辺でつくられる、重さ30gほどの小さな円盤状のシェーヴルチーズ（P119）。表面はなめらかで、中身はとろりとやわらかい。クリームやバターのようなコクがある。熟成するとかたくしまってピリッとした辛みを帯びる。レーヌ・クロード（下）やドライフルーツ、ナッツと相性がよく、くるみ入りのサラダに加えたり、トーストにのせてはちみつをたらして食べる。

ロックフォール

北部に広がる石灰岩台地でつくられる、フランスを代表するブルーチーズ（P118）。起源は定かでないが、11世紀初頭の文献に登場している。羊飼いの少年が洞窟に置き忘れたチーズが、数か月後に青カビにおおわれていたのが起源とも。今でも羊乳を原料に、特有の青カビが生息する洞窟で熟成させる。ピリッとした風味に強い塩気、羊乳ならではの甘みとまろやかさがある。サラダやキッシュ、ステーキのソースまで大活躍する。

白いんげん豆、ピンクにんにく

南西部のタルブ産の白いんげん豆は、大粒で皮が薄く、粉っぽさがなくしっとりした味わい。名物料理「カスレ」（下）に欠かせない。トゥールーズ近郊のロートレック村の名産品ピンクにんにくは、外皮の色がピンクで、通常のにんにくより甘みが強くてマイルド。郷土料理のにんにくスープ「トゥーリン」に用いられる。

シャスラ

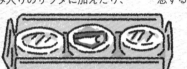

トゥールーズ近郊の町モワサックでは、中世に修道士たちがワイン用ブドウの栽培を発展させた。当時もたらされたのが、白ワイン用ブドウ品種のシャスラ。19世紀半ばから食用としても注目され、ロンドンなど国外にも輸出されるほどに。果皮は金色がかった緑色で、はちみつのような繊細な甘さと、フローラルで軽やかな香りをもつ。ロックフォールにあわせたり、ぜいたくにフォワグラ（P100）とソテーしたりする。

レーヌ・クロード

外皮は金色がかった緑色、果肉は黄緑の、香りが高くてジューシーなプルーン。夏のおわりに出まわる。フランソワ1世が、オスマン帝国の皇帝から献上された木を、北部カルンナックの修道士に託したといわれ、愛妃レーヌ・クロード（クロード王妃）にちなんで名づけられた。以来、カルンナックは名産地になっている。そのまま食べるほか、好相性のこの地の山羊乳や羊乳のチーズ（P119）とあわせたり、お菓子や肉の煮こみに用いる。

カスレ

白いんげん豆を肉と陶器の鍋で煮こみ、表面にこんがり焼き色をつけて仕上げた料理。もともと、「カソル」と呼ばれる釉薬のかかった陶器の器でつくられていたことが名前の由来。16世紀に、いんげん豆が新大陸から伝わる以前は、そら豆が用いられていた。旧ラングドックの伝統料理で、トゥールーズ、カルカソンヌ、カスタルノーダリの3つの都市では、発祥をめぐって論争がつづいている。

アリゴ

北東に広がるオーブラック高原の郷土料理。じゃがいものピュレ、トム・フレッシュ（P121）、バター、クリーム、にんにくを混ぜ、よくのびるまで練りあげたもの。グリエしたソーセージや、牛、鴨、鹿肉のつけあわせにすることが多い。12世紀に修道士が巡礼者にだしていた、パンとトム・フレッシュを混ぜたスープが前身といわれる。17世紀に小麦が不作になり、パンではなくじゃがいもがつかわれるようになった。

ガトー・ア・ラ・ブロッシュ

ピレネー山脈東部と東部のアヴェイロンに伝わる伝統菓子。「串焼き菓子」の名のとおり、柑橘やラム酒で香りづけしたシンプルな生地を、バウムクーヘンのように芯棒をまわしながらかけ、モミの木を思わせる形に焼きあげる。起源は諸説あるが、婚礼や洗礼式などハレの日のお菓子として親しまれてきた。150g程度から4kg大までサイズはさまざま。ピレネーのアロー村では毎年7月にこのお菓子の祭りがあり、巨大なガトーがつくられる。

ミヤス

とうもろこし粉をかゆ状に煮たもの。この地域から南西部にかけて広く食べられている。冷めてかたまってからバターで焼き、料理のつけあわせにしたり、甘みを加えてオレンジフラワーウォーターで風味づけしてお菓子にしたりする。南米からとうもろこしが伝わる以前は、キビ（ミレ）がつかわれていたのが名の由来。昔は肉のコンフィを仕こんだあと、脂が残った鍋で大量につくるのがならわしだった。

じゃがいも

サラダとして前菜に、グラタンとしてメインに、ピュレとしてつけあわせにと、家庭料理から高級料理までじゃがいもなしにフランス料理は語れない！

フランス料理におすすめのじゃがいも

フランスには200種におよぶ品種があり、そのうち30種ほどが出まわっている。大きくわけてメークインのような身のしまった品種と、男爵のような粉っぽい品種がある。

身のしまった品種は、煮崩れしにくく、あらゆる調理に適している。煮こみ、蒸し調理、こんがり焼き色をつける料理、サラダにぴったり。でんぷんが多い粉っぽい品種は、調理するとほくほくに。

身のしまった品種

シャルロット
細長い形で、皮も果肉も黄色。皮つきのまま調理してもよし。

ベル・ド・フォントネー
卵形で果肉は濃い黄色。すばらしく身がしまっており、煮崩れしない。ピュレにも向く。

ラット
皮は黄色、果肉はクリーム色。ほのかにヘーゼルナッツを思わせる風味。ロブション（P33）のスペシャリテ「じゃがいものピュレ」にもつかわれている。

ローズヴァル
皮は濃いピンクで、果肉は黄色（ピンクのすじが入ったものも）。蒸しても皮の色が残る。

粉っぽい品種

アガタ
黄色い皮に、淡い色の果肉はとろけるような食感。グラタンから煮こみ、ポワレ、ローストまであらゆる調理に向く。

ビンチェ
もっとも一般的な品種。果肉は黄色く粉っぽい。フライドポテトからピュレやポタージュ、煮こみ、グラタン、サラダまでありとあらゆる料理に活躍。

代表的なメイン料理

アッシ・パルマンティエ
フランスにじゃがいもを広めたパルマンティエ（P17）の名を冠した、ひき肉でマッシュポテトをおおったグラタン。フランスでもっともポピュラーなじゃがいも料理。アッシとは「きざんだ」という意味で、牛ひき肉をつかうことが多いが、前日のポトフや煮こみのあまり肉をつかうなど、家庭ではリメイク料理でおなじみ。鴨肉や「干しダラのブランダード」（P87）を用いることも。「パルマンティエ風」といえば、じゃがいもをつかった料理をいう。

ドイツに負けない！

フランスの近隣ヨーロッパの国々でじゃがいもが主食の国といえばドイツ。しかしフランスも、そんなお隣に次ぐ生産量を誇り、世界でも10本の指に入っている。

ぴったりのつけあわせ

ポム・ソテ

じゃがいものソテー。バターと油で炒めるが、ガチョウや鴨の脂をつかうこともある。「じゃがいものサルラ風」(P79)といえば、アキテーヌのサルラの伝統的なじゃがいものソテー。鴨のコンフィやマグレ（P100）のローストのつけあわせとして定番。

ポム・ピュレ

ゆでて裏ごししたじゃがいもに、バター、牛乳、生クリームを混ぜた、いわゆるマッシュポテト。ロブションのスペシャリテでもあり、素朴な料理をガストロノミーに押しあげてみせた。

グラタン・ドフィノワ

にんにくとバターを塗ったグラタン皿に、スライスしたじゃがいもを重ねて並べ、牛乳や生クリームベースの生地を流しこみ、オーブンで焼いたグラタン。家庭ではメイン、ビストロやブラッスリーでは羊料理のつけあわせとしてよく登場する。

ポム・ドーフィーヌ

シュー生地にじゃがいものピュレを加えて練り、小さな丸形にして揚げたもの。ホクホクでクリスピーなフライドポテト。「ポム・ノワゼット」の名で呼ばれることもあるが、そちらは本来、じゃがいもを丸形にくりぬき、バターでソテーしたもの。大きさも名のとおり1.5cmほどのノワゼット（ヘーゼルナッツ）大。

ガレット・ド・ポム

じゃがいものガレット。千切りにしたじゃがいもを、バターと塩、こしょうで味つけし、平らな円形に整えてバターで焼く。スライスして同様に調理したものは、「ポム・アネット」という。

フライドポテト大好き!

フライドポテトひとつとっても趣向をこらすのがフランス流!? 4つのフライドポテトを紹介しよう。

ポム・ポン=ヌフ

1〜1.3cm角×長さ6〜7cmのスティック状に切って揚げた太めのフライドポテト。「ポン=ヌフ」とはパリ最古の橋の名前。一説によると1789年のフランス革命後、この橋の上で露天商がスライス状のフライドポテトを売りはじめたことに由来する。その後、1840年ごろに現在のスティックタイプが登場したという。

ポム・アリュメット

「アリュメット」(マッチ棒)の名前のとおり、3〜4mm角×長さ5cmほどに切りそろえた細長いスタイル。より細く長くカットしたものは、わら（パイユ）にちなんで「ポム・パイユ」という。

ポム・スフレ

2〜3mmに薄切りにしたじゃがいもを低温で揚げたのち、高温で2度揚げして風船状にふくらませる。1837年、パリとサン=ジェルマン・アン・レー間の鉄道の開通を祝う晩さん会で偶然誕生した。

ポム・ゴーフレット

スライサーで波形にスライスしたのち、90度回転させてもう一度スライスし、格子模様にして揚げたもの。独特の食感のチップス風フライドポテト。

マキの香りがいざなう島
コルシカ

四方を地中海に囲まれたこの島は、中世に4世紀にわたってイタリアの
ジェノヴァ共和国の植民地だった。貧しい土地だったこともあり
同じく地中海に面した南仏とは異なる食文化が形づくられた。

CORSE

マキの島

「マキの香りをかげば、目を閉じていても、コルシカにいるのだとわかる」とは、コルシカ生まれの英雄ナポレオンの言葉。地中海に浮かぶコルシカには、「マキ」と呼ばれる灌木地帯が広がり、多種多様なハーブが自生し、野性的で力強い香りが島を包んでいる。食材もまた、その香りをまとい、コルシカ産ならではの個性を放っている。

イタリアの面影

セドラ

ヒマラヤ原産でレモンの原種といわれ、見た目は巨大なレモンのよう。紀元後の早い段階で伝わったという。ごつごつとした厚い皮は香り高く、ほのかにセドル（ヒノキ）のような香りがするために名づけられた。果肉は少なく、レモンより風味も酸味も弱いため、砂糖漬けにされることが多い。リキュールにした「セドラティーヌ」も名産品。柑橘栽培が盛んで、ほかにもマンダリンやポメロ、クレモンティーヌなどで知られる。

ヘーゼルナッツ

東部の町セルヴィオーヌ周辺は、高品質なヘーゼルナッツの産地。20世紀初頭、霜害でセドラが壊滅的な被害を受けた際に植えられ、広く栽培されるようになった。苦みや酸味がなく、やや小粒で風味が凝縮した濃厚な味わい。8月末から9月にかけて収穫され、一部はオイルやペースト、粉末に加工される。名物の乳飲み仔羊の料理につかうことが多く、仕上げにちらしたり、衣に用いたりする。

栗粉

やせた土地柄、小麦栽培に不向きなため、栗粉のパンや、栗粉をかゆ状に練りあげた「プレンダ」（ポレンタ）が主食だった。プレンダはソウルフードで、あたたかいものをスライスし、卵焼きやブロッチュ（P111）、フィガテル（P111）のつけあわせにすることが多い。あまると次の日にはオリーブオイルで焼いて食べる。栗粉はケーキの「カスタナッチュ」やドーナツの「フリテル」、クッキーの「カニストレッリ」など、お菓子にも用いられる。

ハーブ

この島では、ローズマリーやフェンネル、キャラウェイタイム、コルシカンタイムなど、ハーブのかすかな香りが漂うなか、常緑低木のマートルが、ユーカリやレモンに似た濃密な芳香を放つ。コルシカ料理を特徴づけているのは、これらの「マキの香り」と総称されるもの。マートルの葉と実は風味づけに用いられたり、アルコールに漬けたのちにリキュール「ミルト」に加工される。

ウニ

日本に次いで、消費量が世界第2位のフランス。コルシカを含む地中海地域でとれるウニは、冬に最盛期を迎える。ムラサキウニが主流で、エサによって磯の風味や甘みの強さに差はあるが、肉厚で香りが強い。生でバターを塗ったバゲットにのせて食べたり、スフレ（P123）やスクランブルエッグ、魚のスープに用いられる。クリームとあわせた濃厚なソース「ウルシナード」が、魚料理に添えられることも多い。

イセエビ

よくしまった身と繊細な風味で評価が高い。北部サンテュリや南部ボニファシオの沖の岩場やサンゴ礁が漁場として知られ、網漁やかご漁が行われる。かご漁には、マートルの枝を編んだかごが用いられていた。シンプルにグリエにしたり、トマトと煮こんだり、クール・ブイヨンでゆで煮にする。スパゲッティも名物だ。

カラスミ

ボラの卵を塩漬けにして乾燥させてつくる。古代ローマ時代から珍重され、沿岸部は重要な産地だった。東海岸中部のパロ潟産は、風味が強く洗練された味わいで、「コルシカのキャビア」とも。地元では、薄切りにしてオリーブオイルを数滴とレモン果汁をかけ、こしょうをひとつまみふって、アペリティフのおつまみにする。スパゲティも名物。

イノシシ

灌木の林をかけめぐり、栗の実を食べて育つ。個性が強く、引きしまった赤身肉で、豚肉と同じくよく食べられる。マリネしてから煮こみやシヴェ（P84）にされることが多いが、名産の栗を加えたり、マートルで風味づけされたりアレンジされたりすることも。ミートボールにして煮こんだ「プルペット・ド・サングリエ」も郷土の味。ソーセージやテリーヌ（P77）など、シャルキュトリーも名高い。

仔山羊

フランスで山羊の肉を食べる地域は少ないが、コルシカでは食文化として根づいている。生後6週間から4か月くらいのものが美味とされ、3月中旬から5月上旬がシーズン。肉質は乳飲み仔羊に似てやわらかく、淡白で繊細な風味。ローストやソテー、煮こみにされることが多く、キャラウェイタイムやマートルで風味づけするのもコルシカ流。内臓肉を串に刺して炭火焼きにする料理は、伝統的なクリスマスのごちそう。

コッパ

豚の加工・保存技術が発展したコルシカには、生ハムの「ロンズ」や「プリストゥ」など、独自のシャルキュトリーが数多くある。コッパは、背肉を塩漬けしたあと、こしょうやハーブをすりこんで大腸に詰め、冷燻してから乾燥させたもの。濃厚な香りと、とろけるような脂をもつ。薄切りにして食べたり、ベーコンのように料理に用いる。シャルキュトリー文化を支えているのは、野性味あふれる味わいの地豚ヌストラル種（P76）。

フィガテル

名物の臓物入りドライソーセージ。レバーや心臓、脾臓、肺などの臓物と、ばら肉や脂身、血を混ぜ、にんにくやワイン、ハーブで風味づけしてつくる。そのまま食べてよし、直火で焼いたり、レンズ豆（P112）と一緒に煮こむもよし。ブレンダやブロッチュをあわせることもある。フィガテルによく似た「サルチェッタ」は、おもにあまった部位と脂身をつかい、塩とこしょうで味つけしたもの。フィガテルよりおだやかな味わいだ。

ブロッチュ

羊または山羊のミルク、あるいは両者の混合乳を原料に、チーズの製造工程ででる乳清を再利用してつくるフレッシュチーズ（P117）。なめらかな口あたりで、塩とこしょうをふって前菜にしたり、ジャムをかけてデザートにしたり。ふだんそう（P71）と混ぜてだんご状にして、トマトソースで仕上げた料理や、イワシやアーティチョーク（P104）などの詰めもの、オムレツやスープ、チーズケーキの「フィアドン」まで、コルシカ料理に欠かせない。

アジミヌ

コルシカのレストランでのおたのしみといえば、魚のスープ「アジミヌ」。ブイヤベース（P71）に似ているが、オレンジの香りが際立つ。家庭では、「ソパ・コルサ」という、白や赤のいんげん豆が主役の濃厚なコルシカ風スープが夕食の人気メニュー。レシピは地域や家庭によって異なるが、野菜やマキのハーブをたっぷりと入れ、コッパなど地元の生ハムを風味だしに用いる。質素だが栄養満点だ。

豆と伝統野菜

フランスで食べられているおもな豆類と有名シェフたちの原点回帰によって価値がみなおされ「忘れられた野菜」あるいは「昔野菜」の呼び名で復帰した伝統野菜を紹介しよう。

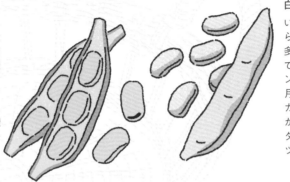

そら豆

古代ギリシア・ローマ時代より栽培されており、いんげん豆が伝わるまで広く食べられていた。主要産地は南西部から南仏にかけて。南仏では「ニース風サラダ」に用いられる。春から夏が旬で、若いものは生のまま薄皮をむかず、塩をふって食べる。ゆでてバターやクリームであえたり、ピュレにして相性のよい豚肉料理のつけあわせにしたり、煮こみやテリーヌ（P77）まで広く用いられる。

白いんげん豆

いんげん豆は、大航海時代の16世紀に新大陸からもたらされた。南部で基本食材のひとつとして普及すると、多くの豆料理がこの豆でつくられるように。フランスでは白いんげん豆がポピュラーで、真っ白、黄緑、ピンクのまだらなど種類は多い。乾燥豆に加え、7〜9月の旬にはさや入りの生または半生のものが出まわる。カスレ（P107）など、各地方にこの豆の煮こみ料理がある。ゆでてバターやクリームをからめたり、サラダやグラタンに用いることも。南西部では豆とキャベツのスープ「ガルビュール」に仕立てられる。

ひよこ豆

中東原産。9世紀初頭にはすでにフランスで栽培されていたという。サラダやピュレ、スープに用いられる。フランスの旧植民地、北アフリカが発祥の「クスクス」に欠かせず、今やフランスの国民食。プロヴァンス＆コート・ダジュールでなじみが深く、ひよこ豆粉の生地をクレープ状に焼いた「ソッカ」は、ニースのストリートフード。マルセイユでは、この生地を揚げ焼きしたパンケーキ「パニース」が名物。ベジタリアンの勢いが増している影響から、現在、パリで流行中。

豆

フランスでは、そら豆やグリーンピースなど生で出まわるものは「生鮮野菜」、乾燥豆は「乾燥野菜」という。保存できる乾燥豆は重要なたんぱく源として、古くから重宝されてきた。

さやいんげん

いんげん豆の若いさやで、ひょろりと細長く、さやごと食べる。緑色のものが一般的で、「アリコ・プランセス」（王女のさやいんげん）の名でも知られるが、フランスでは「ブール」（バター）と呼ばれる黄色のものもある。歯ごたえが残る程度に塩ゆでし、オリーブオイルとヴィネガーであえてサラダにしたり、バターで炒めるのが定番。おばあちゃん世代は、くたくたになるまでゆでるのを好む。

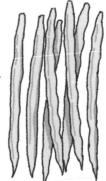

レンズ豆

「貧者の食べもの」と呼ばれた時代もあったが、今ではやや高貴なイメージをもつ食材。オーヴェルニュのル・ピュイ産の緑レンズ豆（P120）や、サン＝フルール産のナッツの風味をもつ金色レンズ豆、シャンパーニュの甘みが強いローズ色のレンズ豆が有名。豚の塩漬けや香味野菜と煮こんだ料理で知られる。サラダやピュレ、ポタージュにしたり、鴨やジビエ（P84）などクセのある肉料理や、フォワグラ（P100）など脂の多い食材のつけあわせにも。

グリーンピース

えんどう豆の未熟な種子。えんどう豆はフランスで古くから親しまれていたが、グリンピースが17世紀にイタリアからもたらされると、ぜいたくな食材として人気を集めた。旬の5〜7月には生のものが出まわるが、缶詰やびん詰め、冷凍も一般的。ピュレや蒸し煮、スープにしたり、鶏や豚、仔牛などの白身肉と相性がよいことから、つけあわせや煮こみ料理にも用いられる。「サン＝ジェルマン風」とつく料理には、グリンピースがつかわれている。

さやえんどう

えんどう豆の若いさやで、原産地は地中海から西アジアにかけて。南仏で広く栽培されており、ラングドック＝ルシヨンでは、紀元前7000年の古代遺跡から出土している。旬は5〜9月。「ポワ・グルマン」（美食家の豆）という甘みが強い品種がよく知られ、サラダに用いたり、ソテーや蒸し煮にすることが多い。ちなみに、フランス名の「マンジュ・トゥー」は、「すべて食べる」を意味する。

西洋ごぼう

見た目は日本のごぼうに似ているが、まったく別もの。ほのかな甘みがあり、食感も味わいもアスパラガスに近く、カキに似た風味ともいわれる。皮むきと下ゆでが必須。サラダやバターソテー、グラタン、フリット、スープと幅広く用いられる。肉のローストと相性がよく、肉汁を加えて炒め煮にしたり、ソース・ベシャメルをかけたものをつけあわせにしたり。アキテーヌでは、「鶏肉のトゥルト」につかわれ、親しまれている。

セルフィーユ・チュベロー

セルフィーユの近縁種。根茎を食べる。ずんぐりしたにんじんのような姿で、果肉は白。19世紀半ばにフランスに伝わったが、栽培が難しくて生産性が低いため、広く普及することなく忘れられた存在に。現在は高級野菜として珍重され、秋冬にレストランでめぐりあえたらラッキー。ゆり根のような甘くねっとりと、ホクホクした食感がある。ピュレやポワレ、ロースト、スープ、ポトフまで、じゃがいものようにつかえる。

カルドン

リヨン周辺の伝統野菜（P103）。中世から19世紀半ばまでは広く食べられていた。地中海沿岸原産で、セロリに似た見た目だが、アーティチョークの仲間。味もよく似ている。葉柄を食べるが、すじばっていて苦みも強いため、すじをとって1時間ほど下ゆでする。ゆでた牛の骨髄を添え、クリームソースをかけて食べるのが定番。ドレッシングであえたり、肉汁やバター、ソース・ベシャメルをからめて肉料理のつけあわせにもする。

伝統野菜

「下処理が面倒」「戦時中を思いだす」などと敬遠され、いつしか姿を消した伝統野菜。昨今、有名シェフたちによってふたたび脚光を浴びるようになり、見事な料理を生みだしている。

菊芋

北アメリカ原産。しょうがのような形をしている。フランスにお目見えしたのは17世紀。栽培しやすく、やせた土地でも育つことから、すぐに広まったが、じゃがいもが伝わると姿を消した。戦時中はよく食べられたが、戦後は飼料に。近年、アーティチョークを思わせる繊細な風味が再認識され、クリームやソース・ベシャメルをからめたり、スープやピュレにしたり、じゃがいものように調理されたりしている。

クローヌ

日本ではおせち料理でおなじみのちょろぎ。中国原産で、塊茎を食べる。フランスには、19世紀末に日本経由で伝わり、パリ近郊のクローヌで栽培がはじまったのが名前の由来。すぐに広く栽培されるようになり、食料の不足していた戦時中はよく食べられたが、20世紀末には忘れ去られた。アーティチョーク（P104）とごぼうの中間のような食感。バターソテーやクリーム煮、ピュレ、フライ、スープ、グラタンなど、さまざまに調理される。

黒大根

アジア原産。表皮は黒いが、皮をむけば真っ白。5000年以上前の古代エジプトですでに栽培されており、ピラミッド建設に従事した労働者への支払いにもつかわれていたという。フランスに伝わったのは16世紀。辛みはやや強いが、生のままサラダにしたり、相性のよいスモークサーモンとあわせたり。じゃがいもとあわせてグラタンやヴルーテ、ポワレやスープ、ソースの材料にも用いられる。

パースニップ

アニス系の甘い香りとかすかな苦みをもつ、にんじんを白くしたような姿の野菜。古代ギリシア・ローマから薬として栽培され、フランスでは中世に根菜の代表格として親しまれていたが、じゃがいもが伝わるとその座を奪われた。加熱すると、ほくほくとした食感と甘さが引きだされる。ローストやスープ、ピュレ、グラタン、ポトフにしたり、そのままサラダにしたり、幅広く用いられる。

日本野菜にみんながとりこ

伝統的な野菜が復活し、フランス料理をにぎわせるなか、ゆず、しそ、かぶ、白菜など、日本の野菜にも注目が集まっている。有名シェフたちがこぞって料理にとり入れ、美しくもおいしい料理でたのしませている。

ノーブルでエレガント
ペイ・ド・ラ・ロワール&サントル

ロワール川に沿って王侯貴族の城や館があちこちにあり「フランスの庭」と呼ばれる
ロワール渓谷一帯。15世紀、フランス王が宮廷を置くと
上質な農産物が増え、料理技術も発達し、洗練された料理が誕生した。

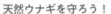

PAYS DE LA LOIRE · CENTRE

実は農業の最先端

大西洋に接するのがペイ・ド・ラ・ロワール。右隣に位置するのがサントル。温暖な気候に恵まれ、中世からフルーツや野菜の栽培が盛んだった。メディチ家の子女たちとの婚姻により、イタリアから革新的な農業技術がもたらされると、農業の最先端の地域に。今でも早生の野菜やフルーツをパリに出荷している。豊かな食材をベースに「アンジュー風」と呼ばれる洗練された料理が誕生した。

天然ウナギを守ろう！
ウナギの産地で、筒切りのウナギを玉ねぎと赤ワインで煮こんだ「ウナギのマトロート」が名物。しかし近年、ウナギが近絶滅種となって以降、捕獲に反対する運動に3500人ものシェフが賛同し、天然のウナギにであえる機会は減っている。

美しく優雅な料理の源

ワイン、リキュール

ロワール川に沿った地域は、多様性に富んだ地質と気候から、ワインの名産地。西部のアンジェ周辺には、「コアントロー」や「ジファール」など、リキュールやシロップの世界的に有名なメーカーがある。

ジェリーヌ・ド・トゥーレーヌ

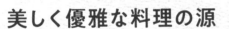

中部のトゥーレーヌで飼育される羽毛の黒い地鶏。「ダム・ノワール」(黒い貴婦人) とも呼ばれるほど、上品な身質でとろけるようなおいしさ。トリュフ (P101) 入りの「バロティーヌ仕立て」は郷土料理。ちなみに、肥育された鶏を指す「ジェリーヌ」という言葉は13世紀にはすでにつかわれており、鶏で税金が支払われていたことから「手数料」も意味した。

フルール・ド・セル

ロワール河口の北部にあるゲランドでは、古代ローマ時代から製塩が盛ん。「フルール・ド・セル」(塩の花) は、表面が細かく純度の高い一番塩。塩田に花のように浮かぶ。繊細な風味から、調理の仕上げにふりかけると、料理の味わいが引き立つ。ちなみに「グロ・セル」は、塩田の底にたまった灰色がかった粗塩で、野菜の下ゆでや、クール・ブイヨンやポタージュの味つけ、肉や魚などの塩がま焼きにつかう。「セル・ファン」はグロ・セルの精製塩。下味や調味に用いられる。

サンドル

日本で「川スズキ」とも呼ばれる淡水魚 (P60)。ロワール川が漁場として知られ、よくしまった白身の高級魚。古典料理では、クール・ブイヨンでゆで煮にし、マヨネーズを添える。地元の高級レストランでは、「プール・ブラン仕立て」やグリエなど、繊細な風味を存分に引きだした料理が味わえる。白ワイン風味のブイヨンでゆで煮にし、マッシュルームとクリーム、卵黄をあわせたソースが添えられた「アンジュー風」もおすすめ。

クロタン・ド・シャヴィニョル

ロワール川の流域一帯はシェーヴルチーズ（P119）の名産地で、南東部のベリーでつくられるこのチーズが代表。「クロタン」とは、地元の言葉で「くぼみ」を意味する「クロ」が語源。窪地の土でチーズを水切りする型をつくったことに由来する。若いものはとろけるようにやわらかく、熟成するにつれて青みをおびて風味が強まり、ナッティーな味わいも加わる。パン・ド・カンパーニュにのせて熱々にグリエし、サラダにのせて食べるのが定番。

マーシュ

日本では「のぢしゃ」と呼ばれる葉もの野菜。だ円形の小さな若葉を食べる。フランスでは18世紀から栽培されており、ヨーロッパの生産量のほぼ半分を西部のナント周辺でつくっている。マイルドながらコクがあり、ほのかに甘い。相性のよいりんごやナッツ、赤ビーツ、かたゆで卵とサラダにしたり、ドレッシングで軽くあえてステーキのつけあわせにする。

緑レンズ豆

ベリーでレンズ豆（P112）の栽培がはじまったのは1950年代。皮が薄くて粉っぽさがなく、かすかにくるみのような風味の豆は、またたく間に名産品となり、80年代には国内生産量の3分の2を占めるまでに。塩漬け肉やソーセージと煮こんだり、ヴルーテ、ピュレ、サラダにしたり。グルテンフリーで栄養価の高いレンズ豆粉も評判がよく、近年の健康ブームを受け、パンやお菓子づくりにも用いられている。

ポワール・タペ

「たたいた洋なし」の名のとおり、洋なしをぺたんこに乾燥させたドライフルーツ。トゥール近郊リヴァレンヌの中世からの名物。ロワール川沿いの平野部はフルーツの栽培が盛んで、洋なしは国内最大の生産量を誇る。まきのかまで数日かけて乾かし、木製のプレス機で余分な水分を押しだしてつくる。ワインで戻してシェーヴルチーズにあわせたり、ワインで煮こんだり、相性のよい鴨肉と調理したりする。

パテ・ド・シャルトル

北部シャルトル名物の、野鳥のパテ・アン・クルート（P77）。かつてはシロチドリを用いたが、今は保護種のため、野鴨やヤマウズラをメインにつかう。豚肉や仔牛肉、トリュフ、スパイスを加え、中央にフォワグラ（P100）を置いて、パイ生地で包んで焼く。16世紀末、アンリ4世の戴冠式の際にはじめてつくられたともいわれる。19世紀末にこの地の料理人がレシピをまとめ、パリの料理コンクールで受賞したことで広く知られるようになった。

リエット

かたまり肉を繊維がほぐれるまで脂身で長時間煮たペースト（P77）。肉を保存する知恵から生まれた加工食品で、東部トゥールと北部ル・マンの名産品。パン・ド・カンパーニュにのせて前菜やおつまみとして食べる。リエット発祥の地として15世紀からの歴史を誇るトゥール産は、豚の肩肉を白ワインで風味づけし、肉の繊維が大きくややドライな食感。ル・マン産は、塩とこしょうのみの味つけで、脂肪が多くなめらか。

アンジュー風 仔牛もも肉の煮こみ

仔牛の外もも肉と香味野菜に、地元産の白ワインをそそぎ、オーブンで蒸し煮にした料理。かつて「アンジュー」と呼ばれたアンジェ周辺は、「メーヌ・アンジュー牛」や「メーヌ牛」など、ブランド牛の産地として名高い。「アンジュー風」では仕上げにクリームをつかうことが多く、この煮こみもクリームをたっぷり加える。

クレメ・ダンジュー

「神々のごちそう」とも称される、アンジュー発祥の、ふわふわ食感のチーズケーキ。本来は、別立てにしたクリームと卵白をあわせ、ガーゼで水切りしたもの。ホイップクリームやベリー系のソースが添えられる。今はフレッシュチーズを加えることが多く、「クレメ・ダンジェ」の名でも知られる。19世紀末に地元の女性が考案して人気を呼び、野いちごを添え、名産のコアントローをかけて食べるのが好まれた。

ピティヴィエ

北東部の町ピティヴィエ発祥の、アーモンドクリームを詰めたパイ。元祖は、アーモンド風味の生地にフォンダンをかけ、フルーツの砂糖漬けを飾った「ピティヴィエ・フォンダン」。古代ローマの商人がもたらしたアーモンドと、この町のクッキーが融合して誕生したお菓子がもとになっている。やがてバターが加わり、スポンジタイプのふくらむ生地になった。パイ生地が考案された17世紀以降は、パイでつくられるように。

チーズ

「365日、毎日違うチーズを食べても食べきれない」といわれるほど
フランスはチーズ大国。実際は1200種類以上におよび
そのうちAOP（P89）に認定されているものは45種類ある。

世界で一番おいしい!? チーズめぐり

西部

ノルマンディー、ペイ・ドゥ・ラ・ロワール、ブルターニュ

フランスの牛乳生産量の半分以上を占め、白カビタイプ（P118）
とウォッシュタイプ（P117）のチーズの産地。
代表的なチーズ　カマンベール
（P54、118）、ヌシャテル（P118）、
リヴァロ（P117）、クロタン・ド・
シャヴィニョル（P115、119）

中央部

イル＝ド＝フランス、
サントル、
ポワトゥー＝シャラント

パリの東部からシャンパーニュ
にかけての、かつて「ブリ」と
呼ばれた地域では白カビタイプ
のチーズが、ロワール川とその
支流域一帯では、生産量の約6
割を誇るほどシェーヴルチーズ
（P119）がつくられている。
代表的なチーズ　シェーヴル
チーズ、ブリ・ド・モー（P47、
P118）

中央山塊

オーヴェルニュ

フランス有数のチーズ産地。
チーズ製造の歴史が古く、冬
が厳しい山岳地帯では、保存の
きくセミハードタイプ（P117）の
チーズがつくられている。ブルーチーズ
（P118）も多い。
代表的なチーズ　カンタル（P117、121）、サ
ン＝ネクテール（P117）、ブルー・ドーヴェル
ニュ（P118）、フルム・ダンベール（P118）

北部～北東部

オー＝ド＝フランス、シャンパーニュ＝アルデンヌ、
ブルゴーニュ、ロレーヌ、アルザス

牛乳が原料のウォッシュタイプチーズの産地。ブルゴー
ニュはエメンタール（P118）でも知られる。
代表的なチーズ　エポワス（P59）、マロワール（P74）、
マンステール（P62、67、117）、エメンタール

東部山岳地帯

フランシュ＝コンテ、
ローヌ＝アルプ

長期間保存のきく中型か
ら大型のセミハードと
ハード（P118）のチー
ズが発展。ウォッシュ
タイプのルブロション
（P103）も有名。
代表的なチーズ　グリュ
イエール（P118）、コンテ
（P118）、ルブロション

南部

プロヴァンス＆
コート・ダジュール、
コルシカ、
ミディ＝ピレネー、
ピレネー山脈

羊は暑さや干ばつに強い
ため、ブルビチーズ（P119）
は南部に多い。
代表的なチーズ　ブロッ
チュ（P111、117）、オッ
ソー・イラティ（P79、
119）、バノン（P71）、ペ
ラルドン（P86）ライオ
ル（P117）、ロックフォ
ール（P107、118）

タイプ別！おいしいチーズを探せ

フレッシュチーズ

ミルクに乳酸菌や酵素を加えて凝固させ、水分を切っただけの熟成させないタイプのチーズ。とろりとしたクリーム系から、豆腐のようなテクスチャーのものまでさまざま。おだやかな酸味でクセがなく、みずみずしいミルクの風味。ジャムやはちみつをかけてデザートとして食べる。淡白な味わいのため、あらゆる食材と相性がよく、お菓子やパン、卵料理、グラタン、キッシュ、ソースなど幅広く用いられる。

フロマージュ・ブラン

牛乳からつくられている。濃厚でなめらかなヨーグルトといった口あたり。ほとんど酸味はなく、生クリームのようなコクがある。国内でもっともポピュラー。季節は通年。

ブロッチュ

コルシカ原産。羊または山羊のミルク、またはふたつの混合乳でつくる。やわらかくなめらか。はちみつやジャムをかけてデザートとして食べるほか、料理からスイーツまで幅広く用いられる。季節は1〜6月。

ウォッシュタイプ

外皮を塩水や酒でこすり洗いしながら熟成させるソフトタイプのチーズ。定期的に洗浄することで、雑菌を洗い流すと同時に、ウォッシュタイプの特徴であるリネンス菌が効果的に繁殖する。この菌の作用で外皮はオレンジ色になり、強いにおいを発するが、クセはさほどなく、比較的おだやかな味わい。熟成が進むにつれてにおいは強く、味わいは濃厚に。キッシュやパイ、フォンデュ、グラタンやソースなどに。

リヴァロ

ノルマンディー原産。牛乳使用。表皮は黄金色で、側面には熟成中の形崩れ防止にイグサが巻かれている。むっちりした食感と芳醇な風味。製造から5〜6週間後が食べごろ。季節は通年。

ルブロション

ローヌ＝アルプのサヴォワ原産。牛乳（無殺菌乳）使用。やさしい風味が心地よく、クリーミーでなめらか。かすかにヘーゼルナッツのような風味も。グラタンなど加熱調理にぴったり。風味豊かな5〜9月製造のものがおすすめ。

マンステール

アルザスとロレーヌ原産。牛乳使用。かなり強烈なにおいながら、味わいはマイルドで、やさしいミルクのコクと甘みをもつ。熟成が進むと、ねっとりクリーミーな口あたりに。季節は通年。

セミハードタイプ

チーズをつくる過程において、加熱せずにプレス（圧さく）して水分を減らした、比較的かたい非加熱圧さくタイプ。生地はしなやかで、風味はさまざま。基本的にクセがなく食べやすい。長期保存のきく中型から大型のものが多い。熟成が進むにつれ、まろやかさとうまみが増す。熟成はゆっくり進むため、食べごろが長い。料理には、けずってかけたり、とかして用いる。

サン＝ネクテール

オーヴェルニュ原産。牛乳使用。表皮は薄く、白や赤、黄色のカビにおおわれている。やわらかくむっちりした食感で、かすかにマッシュルームとヘーゼルナッツが入り混じったような香りがある。季節は通年。

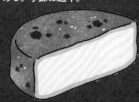

カンタル

オーヴェルニュ原産（P121）。牛乳使用。ナッツやバニラのような風味のある、素朴でやさしい味わい。熟成が進むと力強い風味に。熟成度によって「ジュンヌ」（若い）、「アントル・ドゥー」（中間）、「ヴュー」（古い）と呼ぶ。季節は通年。

ライオル

ミディ＝ピレネーのオーブラック原産。牛乳（無殺菌乳）使用。樽形で、表皮はオレンジ色がかったこげ茶色をしている。中身は淡い黄色で、かすかな酸味とバターのようなコクが広がる。季節は9〜3月。

ハードタイプ

加熱しながらプレスし、セミハードよりもさらに水分を減らしてつくる。チーズのなかでもっともかたく、長期保存のきく大型が多い。熟成期間が長いため、うまみが凝縮した濃厚なチーズになる。熟成が進むにつれて、まろやかさとコクが増す。セミハードタイプと同じく熟成がゆっくり進むため、食べごろが長い。料理には、けずってかけたり、とかして用いる。

グリュイエール

サヴォワ、フランシュ＝コンテ原産。牛乳（無殺菌乳）使用。スイスを代表するチーズとして知られるが、フランスでもつくられている。まろやかでやさしい味わい。料理に幅広く用いられる。季節は通年。

エメンタール

サヴォワ、フランシュ＝コンテ、ブルゴーニュ原産。牛乳（無殺菌乳）使用。こちらもスイス発祥だが、フランス産も逸品。しなやかで弾力があり、かすかにナッツのような風味と甘みを帯びたマイルドな味わい。季節は通年。

コンテ

フランシュ＝コンテ原産（P125）。牛乳（無殺菌乳を部分脱脂）使用。濃厚なミルクのコクと、ナッツのような香ばしい風味。熟成が進むにつれ、より芳醇さが増す。さまざまな料理に用いられる。季節は通年。

白カビタイプ

真っ白なカビにおおわれたソフトタイプ。クセが少なく、クリーミーでマイルド。若いうちは新鮮なミルクの風味が強く、中心に芯がある。熟成するにつれて、外側から内側にかけてやわらかくなり、まろやかさとコクが増し、最後は中心までとろとろに。指で押してやわらかければ食べごろ。サラダやサンドイッチにしたり、パン生地やコロッケのタネに練りこんだり、フォンデュに。

カマンベール

ノルマンディー原産（P54）。牛乳（無殺菌乳）使用。カマンベールと名のれるのは、「カマンベール・ド・ノルマンディー」のみ。オーブンで焼いたり、フライにしたり、加熱してもおいしい。フルーツやナッツとも好相性。季節は通年。

ヌシャテル

ノルマンディー原産。牛乳使用。形はハート、四角、円柱などさまざま。濃厚なコクと、やや強めの塩気がある。製造後2週間ほどたった熟す直前が食べごろ。加熱調理にも向く。季節は、生乳製は夏～秋、殺菌乳は通年。

ブリ・ド・モー

イル＝ド＝フランスのブリ原産（P47）。牛乳（無殺菌乳）使用。カマンベールの元祖といわれるが、よりマイルドな風味。直径36～37×高さ3～3.5cmと大きく、切りわけて売られている。季節は通年。

ブルーチーズ（青カビ）

牛乳や羊乳を原料に、製造過程で青カビを添加して熟成させてつくる。生地全体に青カビがはん点状に入り、塩気の強さと、ピリッと刺激的な風味をもつ。濃厚でパンチのある味わいは、生のフルーツやドライフルーツ、ナッツ、はちみつと好相性。パン・ド・カンパーニュにのせてアペリティフのおともにしたり、サラダに用いたり、ステーキ用のソースやディップ、オムレツ、キッシュ、グラタン、リゾットなどに。

ロックフォール

ミディ＝ピレネーのルエルグ原産（P107）。ロックフォールと名のるには、ラコーヌ種の羊乳をつかい、ロックフォール・シュール・スールゾン村の石灰岩の洞窟で熟成させねばならない。塩気の強さとシャープな刺激があり、濃厚で奥深い味わい。季節は通年。

フルム・ダンベール

オーヴェルニュ原産。牛乳使用。表皮は青みがかった灰色。やや乾燥していてかためだが、しっとりクリーミー。ブルーチーズでもっともマイルドな味わい。季節は通年。

ブルー・ドーヴェルニュ

オーヴェルニュ原産。牛乳使用。もろくて崩れやすいが、こってりクリーミーで口どけがよい。刺激もマイルド。季節は通年。

シェーヴルチーズ

山羊のミルクからつくるチーズ。基本的に小さく、乾燥防止のために木炭粉をまぶしたものや、ピラミッドやまきなどユニークな形のものが多い。ぼそぼそともろい食感で、においと酸味があるが、熟成が進むにつれて風味に違いがでる。仔山羊が離乳するころ、春から夏にかけてつくられたものがおいしい。独特のクセは加熱することで弱まり、マイルドになる。

クロタン・ド・シャヴィニョル

ベリー原産。若いうちはしっとりとおだやかな酸味があり、熟成すると、青や灰色がかったカビをまとい、引きしまってミルクのうまみが凝縮される。ホクホクした栗のような食感。季節は通年。

セル＝シュール＝シェール

ロワールのベリー原産。円すい台。表面には木炭の粉をまぶしてある。かすかな甘さとほどよい塩気が絶妙かつ繊細な味わい。シェーヴルチーズの最高峰との呼び名も高い。木炭が黒から灰色に変化したころが食べごろ。季節は通年。

ヴァランセ

サントルのトゥーレーヌ原産。四角すい台。しっとりとさわやかな酸味で、香りもおだやか。熟成が進むにつれて、表面の木炭が灰色になり、酸味はやわらぎ、ミルクの甘みやナッツのようなコクが主役に。季節は通年。

サント＝モール・ド・トゥレーヌ

トゥーレーヌ原産。表面に木炭をまぶしたまきのよう。若いうちはなめらかで、フレッシュな酸味がある。熟成が進むにつれてかたくしまってコクが深まり、複雑な風味に。季節は通年。

ブルビチーズ

羊乳でつくったチーズ。羊乳は脂肪やたんぱく質を多く含んでいるため、非常に濃厚。ねっとりした口あたりで、ほのかな甘みがあり、マイルドな味わい。牛乳でつくるチーズより歴史が古く、フレッシュから白カビなどのソフトタイプ、ブルーチーズ、セミハードタイプまで、さまざまなチーズがある。パンにのせて食べたり、サラダに加えたり、脂肪分が多いのでグラタンやソースにプラスしてもおいしい。

オッソー・イラティ

ピレネー山脈原産（P79）。セミハードタイプ。なめらかで厚みがあり、きめが細かくしなやか。ミルクのうまみと、はちみつのようなほのかな甘さがある。熟成すると、ナッツのようなコクが深みを増す。季節は通年。

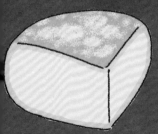

チーズはデザート？

フランス料理のフルコースでは、チーズもデザートのひとつ。メイン料理のあとにだされるのもそのためだ。複数のチーズから好みのものを選ぶが、「風味が穏やかなもの→味わいの強いもの」の順に食べるのが鉄則。一緒にナッツやドライフルーツ入りのパンがだされることが多く、パンをちぎってチーズをのせて食べるのがマナー。
いわゆるチーズ料理は、実はカフェやビストロ、郷土料理レストランなどにかぎられる。家で食べる際は常温に戻すことを忘れずに。

フランスの原風景
オーヴェルニュ＆リムーザン

中央山塊の厳しい自然とやせた土のため、人々は厳しい暮らしを
送ってきた。外界との接触も少なく、手に入る食材から
素朴でおおらかなフランスを思わせる美食が生まれた。

AUVERGNE LIMOUSIN

全国区の郷土料理!?

フランス中南部に位置するオーヴェルニュとリムーザン。オーヴェルニュには中央山塊がそびえ、リムーザンには高原地帯が広がる。「ヴォルビック」や「ヴィッテル」など名高い湧水池（ゆうすいち）をもつ。厳しい自然環境による暮らしから、パリに移住したり出稼ぎにでる者が多かった地域。パリのカフェのオーナーの8割がこの地の出身者であることから、郷土料理がパリを経由して全国に広まったといわれている。

美味なる田舎料理を支える定番食材

じゃがいも、キャベツ、かぶ

貧しかった生活を支えた食材が、じゃがいもとキャベツ。郷土料理に欠かせない存在だ。薄切りにしたじゃがいもを生地に並べてクリームをたっぷりかけて焼いたオーヴェルニュのパイ「ブルボネ風パテ」、おろしたじゃがいもにベーコンやパセリを混ぜて焼いたリムーザンのガレット「ミラソー」が名物。リムーザンではかぶも主要食材。皮つきベーコンと煮こんだスープ「ブレジョード」が郷土の味。スープを少し残し、ワインをそそいで飲みほすのが習わしで、これを「シャブロール」という。

ル・ピュイの緑レンズ豆

オーヴェルニュ南東部にあるル・ピュイは、最高品質の緑レンズ豆（P112）の産地。火山灰土壌に加え、夏の乾いた風が完熟前の豆を乾燥させるため、皮が薄く、粉っぽさのない豆ができる。小粒でやわらかく、繊細な風味で、「貧乏人のキャビア」ともいう。豚の塩漬け「プティ・サレ」と煮こんだ料理や温製サラダは、ビストロの前菜の定番。デュカス（P33）は、ウナギの燻製と組みあわせて独創的な料理に仕立て、スペシャリテとしている。

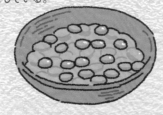

ブルーベリー

中央山塊を象徴する木の実。旬の夏には野生も出まわるが栽培も盛ん。リムーザンの南部コレーズのモネディエール山脈周辺が産地として名高い。デザートの王道のタルトをはじめ、クラフティ（P121）に似た「フロニャルド」や、肉のソースにも用いられる。オーヴェルニュでは、厚いクレープのような郷土菓子「パシャード」にもつかう。

サレール牛、リムーザン牛

サレール牛はオーヴェルニュ原産の、赤茶の巻き毛の牛（P68）。サシがほどよく入った赤身が好まれる。野菜と赤ワインで煮こんだビーフシチュー「クフィドゥ」や「牛テールの赤ワイン煮こみ」、仔牛の胃に詰めものをして白ワインで煮こんだ「トリプー」が名物。リムーザン牛はリムーザン原産（P68）で、淡白できめ細かく、ナッツのような風味。乳だけで育った仔牛が好まれる。仔牛のもも肉の蒸し煮「フリカンドー」やローストにする。

ブルボネ仔羊

中央山塊の北部にあるブルボネは、古くから羊毛のために牧羊をしていたが、仔羊が食肉として評価されるように。ばら肉に栗や香味野菜を詰めて煮こみ、白いんげん豆の煮こみを添えた「ファレット」が名物。「羊のもも肉の煮こみブレヨード風」といえば、にんにくを刺してバターを塗った骨つきもも肉と輪切りのじゃがいもを、ブイヨンとワインで蒸し煮焼きにした料理。

黒尻豚

その名のとおり、おしりと顔が真っ黒なリムーザンの地豚。やわらかくてジューシーで、ヘーゼルナッツを思わせる風味。ローストやソテー、グリエなど、シンプルに調理する。厚さ8～10cmの背脂は、とかしてラードにしたり、肉を包むのに用いたりする。生ハムも評価が高く、スペインのイベリコ豚と比較されるほど。栗やセップ茸（P101）入りのパテも名物。

カンタル

2000年以上の歴史をもつ、牛のミルクからつくるセミハードタイプの大型チーズ（P117）。ナッツを思わせるやさしい味わいで、バニラのような風味も。かたくなったパンにたっぷりかけ、オニオンスープをそそいだ「チーズのスープ」は、人気の伝統料理。棒状に切ったじゃがいもを、ベーコン、にんにくとラードで炒め、カンタルを加えて焼いた「トリュファード」も、冬の寒さ厳しい山岳地帯ならではの逸品。

トム・フレッシュ

カンタルやサレール（P68）、ライオル（P117）チーズの製造工程ででる凝乳を軽く圧さくした豆腐状のかたまり。熟成前のフレッシュチーズ（P117）。日もちしないため、オーヴェルニュ以外ではであえない。郷土料理「トリュファード」も、正式にはトム・フレッシュを用いる。

サン＝ネクテール

中央山塊の山麓で草を食べて育つ牛のミルクでつくるチーズ。起源は中世にあり、ライ麦のわらの上で熟成させることから「ライ麦チーズ」と呼ばれていた。有名になったのは、17世紀にサン＝ネクテール元帥が国王ルイ14世に献上したことから。クリーミーで濃厚、きのことヘーゼルナッツが入り混じったような香りをもつ。ライ麦パンとあわせたり、カンタルのかわりに料理に用いる。

ポテ

農民料理を代表する豚と野菜の煮こみ。この地では、ありあわせの野菜とベーコンの切れ端を煮こんだ質素な料理だったが、今では塩漬け肉やばら肉、ソーセージ、キャベツ、にんじん、かぶ、じゃがいもを基本に、すね肉やアンドゥイユ（P77）が入ることも。煮こみ途中の脂肪分の少ないスープを前菜として食べ、肉と野菜をメインディッシュにする。あまったら、ヴィネガーであえて冷やして食べる。

プンティー

オーヴェルニュを代表する、豚肉とふだんそう（P71）の田舎風パテ。ポテなど残った豚肉をミンチにし、小麦粉やライ麦粉、牛乳、卵を混ぜた生地とあわせ、ふだんそうやハーブ、プラムを加え、型に入れてオーブンで焼く。地元のソウルフードで、温製または冷製、あるいはフライパンで焼いて食べる。栄養満点で手軽にもち運べるので、かつては畑仕事に行く農民のお弁当でもあった。

ライ麦のトゥルト

オーヴェルニュでは、やせた土地でも育つライ麦をつかったパンを食べてきた。このパンは、ライ麦100％で大型。特有の酸味とうまみがある。何か月も日もちするので、昔はどこの農家もライ麦を栽培し、6～8kgもの生地をこね、週に1度村の共同のかまで焼いた。少しずつ食べ、かたくなったらスープや煮こみに加えていたため、かたくなったライ麦パンをつかう郷土料理が多い。

クラフティ

耐熱皿にチェリーを並べ、濃厚なクレープ生地を流しこみ、オーブンで焼いたシンプルなお菓子。あたたかいうちに砂糖をふりかけて食べる。リムーザンの郷土菓子だったが、フランスのポピュラーな家庭菓子になった。さまざまなフルーツでつくられるが、本来はチェリーのみ。「ギーニュ」と呼ばれるかすかに酸味のあるチェリーを、種はぬかずに丸ごと焼く。種の風味も、おいしさの決め手だ。

パティスリー

近年、フランス菓子の世界では
「ルヴィジテ」がキーワード。
「再解釈」を意味し、クラシックなお菓子を
現代風のフォルムや味わいで提案する。
さまざまなスタイルに進化し
新時代を切りひらく
正統派お菓子の魅力をプレイバック！

レストランのデザートはライブ感がすべて！

レストランのデザートは仕上げ、つまりは食事をしめるものであり、つくりたてをたのしむものだ。スフレのように熱いものは熱く、ソルベのように冷たいものは冷たく、最適なタイミングでサーヴィスされる。季節のフルーツをふんだんにつかい、アートのように美しく盛られるのも魅力のひとつ。カフェやビストロでは、タルトなど家庭的なデザートが定番だ。

シュー生地ファミリー

カトリーヌ・ド・メディシス（P11）と一緒にフランスにやってきた、お抱え職人がもたらしたシュー生地。形がキャベツ（フランス語で「シュー」）に似ていたことから名づけられた。

サン＝トノレ

円盤状のタルト生地にカラメルを塗った小さなシューを重ね、クレーム・シブーストで飾る。1846年、パリのサン＝トノレ通りの菓子職人シブーストが考案。当初はブリオッシュ生地にクリームを詰めていた。

パリ・ブレスト

スライスアーモンドをちらしてリング状に焼きあげたシュー生地に、クレーム・ムスリーヌをはさむ。自転車の車輪の形をしているのは、パリからブルターニュのブレストまでの自転車レースを記念してつくられたため。名前の由来もここにある。

エクレール

細長くしぼったシュー生地に、バニラやコーヒー、チョコレート風味のカスタードクリームを詰め、同じ風味のグラサージュをほどこしたエクレア。一瞬で食べられることから、「エクレール」（稲妻）という名がついた。

ルリジューズ

カスタードクリームを詰めてフォンダンをかけた大小のシュー生地を重ね、つなぎ目にバタークリームをレースのえりのように飾っている。姿と色が修道女を思わせることから、「ルリジューズ」（修道女）と名づけられた。

卵がベースのデザート

中世に好まれた卵液をかためてつくるデザート。起源は古代ローマ時代の卵と牛乳、はちみつを混ぜて煮てかためた「ティロパティナ」にあるという。

クレーム・カラメル

牛乳と卵、砂糖とバニラでつくるカスタードプリン。カラメルを敷いた型に卵液を入れて焼く。

クレーム・ブリュレ

プリンの派生形。表面がパリパリのカラメルでおおわれていて、リッチで濃厚。

フラン

カスタードクリームを生地に流しこんで焼いたタルト。甘いタイプだけでなく、塩気のある食事系も。

魅惑のお菓子たち

シャルロット

フィンガービスケットや細切りにしたスポンジ生地を側面に並べ、ムースやババロアを流しこんで冷やし、フルーツを飾る。18世紀末にイギリスで誕生したときは、バターを塗ったパンの土台にりんごや洋なしを詰めて焼いた温製デザートだった。19世紀初頭、イギリスの宮廷料理人もつとめたカレーム（P26）によって今のスタイルに。

ミルフィーユ

3層のパイ生地にカスタードクリームをはさみ、粉砂糖をふったりフォンダンをかける。17世紀半ば、宮廷料理人ラ・ヴァレンヌの著書『フランスの料理人』（P20）にはじめて登場し、19世紀初頭にカレームが完成させた。1867年にパリの菓子職人アドルフ・セニョによって、カスタードをはさんだ今のスタイルに。

オペラ

コーヒーシロップがしみこんだアーモンド風味の生地、コーヒー風味のバタークリーム、チョコレートのガナッシュを重ね、チョコレート風味のグラサージュをかけて金箔をあしらう。パリのオペラ座をイメージしたともいわれ、1955年、ダロワイヨのシリアック・ガヴィヨンが考案し、ルノートルのガストン・ルノートルが洗練させた。

フレジエ

さくらんぼの蒸留酒キルシュ（P124）がしみこんだスポンジ生地に、クレーム・ムスリーヌといちごをはさみ、アーモンドペーストで薄くおおったフランス版ショートケーキ。19世紀末にエスコフィエ（P29）が考案したケーキが原型ともいうが、1966年にルノートルが、バラ園が有名なパリのバガテル公園をイメージして考案したケーキ「バガテル」にはじまる。

サヴァラン

リング形に焼いたブリオッシュ生地に、洋酒のきいたシロップをしみこませ、中央にホイップやクレーム・シブースト、カスタードなどのクリームまたはフルーツを飾る。菓子職人オーギュスト・ジュリアンが1845年に考案したといわれ、ブリア＝サヴァラン（P39）にちなんで名づけられた。「ババ」（P67）と似ているが、形や材料に違いがある。

モンブラン

メレンゲやスポンジ生地、タルト生地などの土台の上にクリームをのせ、栗のピュレをらせん状にしぼる。17世紀にイタリアからサヴォワに伝わった栗のお菓子が原型という。19世紀半ばには、栗のペーストと生クリームをあわせたものが登場。1903年には、パリのサロン・ド・テ、アンジェリーナが現代的なモンブランを発売して人気を博した。

イル・フロッタント

「浮島」という名のとおり、ふわふわのメレンゲをカスタードソースに浮かべ、カラメルソースをかける。17世紀半ばに文献に登場した、バターと塩を加えて泡立てた卵黄を火にかけてとろみをつけ、泡立てた甘い卵白を混ぜあわせたものが進化。「ウフ・ア・ラ・ネージュ」（泡雪卵）ということもあるが、本来こちらは牛乳をゆでてメレンゲをつくったものを指していた。

タルト・タタン

バターと砂糖で炒めてキャラメリゼさせたりんごを型に並べ、生地をかぶせて焼いた、逆さ仕こみのタルト。19世紀末、ロワールの町でホテルを営んでいたタタン姉妹が、敷き忘れた生地をりんごにかぶせて焼いたのがはじまりというが、実はそれ以前に逆さ仕こみのタルトはあった。姉妹のタルトが評判となり、広く知れわたったのだった。

スフレ

カスタードクリームとメレンゲを混ぜあわせ、高温で焼いてふくらませる。冷めるとしぼんでしまうため熱々が命！18世紀初頭の料理書ではじめて紹介され、19世紀から20世紀半ばにかけて人気を博した。フルーツのピュレやチョコレートを混ぜこむなど、バリエーションは無限。チーズや野菜、肉や魚をつかった塩気の食事系スフレもある。

お菓子でつづる フランスの祝日

1月6日
公現祭（エピファニー）＆
ガレット・デ・ロワ
ガレット・デ・ロワはアーモンドクリーム入りのパイ。

2月2日
聖燭祭（シャンドルール）＆クレープ

2月3日〜3月9日の1日
肥よくな火曜日（マルディ・グラ）＆ドーナッツ

春分の日以後の満月よりあとの最初の日曜日
復活祭（パック）＆アニョー・パスカル
アニョー・パスカルは羊の形の焼き菓子。

4月1日
エイプリールフール（ポワソン・ダヴリル）＆魚の形のお菓子
ポワソン・ダヴリルは「4月の魚」の意味。魚の形のお菓子なら、チョコでもパイでも。

初夏
聖霊降臨祭（パントコート）＆コロンビエ
コロンビエは、アーモンド風味の生地に、メロンやオレンジのコンフィを混ぜこみ、グラサージュをほどこした焼き菓子。

6月24日
聖ヨハネの日（サン＝ジャン）＆コカ・ドゥ・サン＝ジャン
コカ・ドゥ・サン＝ジャンは、カタルニアで食べられるフルーツの砂糖漬けの入ったブリオッシュ。

12月6日
聖ニコラの日（サン＝ニコラ）＆マネラ
マネラは、アルザスの人形の形をしたブリオッシュ。ショコラ・ショー（ホットチョコレート）と一緒に！

12月24日
クリスマス（ノエル）＆ビュッシュ・デュ・ノエル
ビュッシュ・デュ・ノエルは、19世紀末からクリスマスケーキとして普及したまきをかたどったケーキ。

19

アルプスが育む幸
フランシュ＝コンテ

フランス有数のチーズ生産地、フランシュ＝コンテ。
冬の厳しい寒さから、燻製のシャルキュトリー文化も大きく発展し
チーズ大国と美食の国の一端を担っている。

FRANCHE-COMTÉ

厳しい冬の営みから学ぶ
いにしえの知恵

スイスと国境を接し、南はジュラ山脈、北はヴォージュ山脈に囲まれ、土地の大半が森。農業や酪農だけでなく、地の利や厳しい冬の営みから生まれた知恵によって、おいしいものが生まれている。

モミの木のはちみつ

樹液を吸った昆虫の甘い露のような分ぴつ液を、ミツバチが集めてできるはちみつ。「甘露蜜」ともいう。ジュラ山脈産は名高く、モルトやバルサミコ、松のようなニュアンスを感じる濃厚な味わい。パン・デピス（P63）などの焼き菓子に加える。かぜ予防やせきどめにも。

ブレジ

15世紀からつくられているという牛肉の生ハム。コンテチーズ（P118、125）用の乳牛と同じモンテベリアール種の肉をつかう。脂身の少ない部分を塩漬けにしたのち燻製にし、熟成させることで美しい深紅色に。ごく薄くスライスして前菜として食べる。地元ではフォンデュやラクレット（P103）のおともにも。

さくらんぼ、キルシュ

北部のフジュロルで栽培が盛ん。チェリーブランデー「キルシュ」の里としても名高い。16〜17世紀にかけて東欧まで勢力を拡大したハプスブルク家の支配下にあったことから、ハンガリーを起源とするさくらんぼとキルシュを煮こんだ温製や冷製の甘いスープが親しまれてもいる。

モリーユ茸

国内随一の産地。ハチの巣状の笠がインパクト満点の見た目だが、ヘーゼルナッツのような繊細な風味（P101）。トリュフ（P101）と並んで珍重される。旬は2〜4月。「春の女王」の異名も。バターで炒め、ヴァン・ジョーヌ（右）風味のクリームで煮こみ、こんがり焼いた薄切りパンにのせた「クルート・オ・モリーユ」で知られる。

ヴァン・ジョーヌ

ジュラ特有の黄ワイン。サヴァニャン種からつくられた白ワインを、古樽で深い黄色を帯びるまで6年以上熟成させる。樽を完全に満たさずに熟成させるため、産膜酵母の膜がワイン表面に広がり、くるみやカレーを感じる力強く個性的な風味になる。野ウサギやマスの料理、コンテチーズと相性がよく、郷土料理にも多用される。「コック・オ・ヴァン」につかわれるのは、赤ワインが定番だが、この地ではこのワイン。

モルトーソーセージ

太くてずんぐりした燻製ソーセージ。チーズづくりの副産物である乳清で肥育した豚の肉を、キャラウェイやコリアンダー、ナツメグ、ワインで風味づけし、ヒノキやモミの木片で最低48時間いぶす。ゆでて輪切りにしたのち、じゃがいもをつけあわせたり、じゃがいもとコンテチーズとグラタンにしたり、ポテ（P121）に仕立てられる。

ゴード

炒ったとうもろこしの粉。じゃがいもがフランスで広く普及する19世紀まで、この地の重要な食材だった。かゆにしたり、クレープにして食べた。今でも、炊いたゴードにバターや生クリーム、ベーコンなどを加え、熱々あるいは冷やして食べる。ニョッキのほか、フラン（P122）やクッキーなどの焼き菓子にもつかう。

マス

海のないこの地では古くから、川や湖でとれる魚が身近な存在だった。ドゥーブ川とその支流では固有種が生息し、9月に解禁を迎える。丸ごとポワレしてヴァン・ジョーヌ風味のホワイトソースをかけた「トリュイット・オ・ヴァン・ジョーヌ」が郷土の味。県庁所在地の名を冠した「ヴズール風」といえば、オーブンで焼いたマスにムースロン（シバフダケ）のソースをあわせた料理。

チーズの宝庫！ AOP（P89）やIGP（P89）認証されたチーズがたくさんある。おもなチーズをみていこう。

コンテ

フランスでもっとも身近なハードタイプのチーズ（P118）。ジュラ山脈一帯やスイス国境付近でつくられる。AOP認証。熟成は最低4か月で、こっくりしたミルクの風味に、ナッツのような香ばしさ。6か月以上のものは「エクストラ」、12～24か月は「ヴュー・コンテ」（古いコンテ）といい、熟成が進むほど深みが増す。サンドイッチやグラタンなど、日常的に広くつかわれる。この地のフォンデュは、コンテチーズを主役に、ジュラの辛口白ワイン、ナツメグとキルシュが隠し味。

モルビエ

マイルドでやさしい味わいの、むっちりとした食感のチーズ。モン・ドールの西、モルビエでつくられる。AOP認証。中央に入った黒い食用の炭のラインが特徴。かつて農家では、牛乳をつぎ足しながら家庭用のチーズをつくっており、次のさく乳までのあいだ、凝乳に灰をかけて保護していた習慣が伝統として根づいた。旬は夏から冬にかけて。地元では、「タルティフレット」（P103）が「モルビエット」として親しまれている。ラクレットにつかうことも。

モン・ドール

ウォッシュタイプ（P117）のチーズ。ジュラ山脈のモン・ドール（黄金の山）一帯でつくられる。AOP認証。エピセアというモミの木の樹皮を巻いて洗いと熟成を行い、この木箱に入れて出荷されるため、クリーミーで濃厚かつ下草を思わせる心地よい風味をもつ。そのままくって食べるほか、くりぬいてヴァン・ジョーヌをそそぎ、きざんだにんにくを加えてオーブンで焼き、ゆでたじゃがいもやモルトーソーセージにかけて食べる。8月15日～3月末まで製造されるが、旬は11～12月。

ブルー・ド・ジェックス

ジュラ唯一のブルーチーズ（P118）。13世紀に修道士によって製造法が伝えられたとされる。AOP認証。モルビエの南、ジェックスでつくられている。乾いた表皮におおわれた約8kgの大型の円盤状で、アイボリーの生地にカビがマーブル状に広がる。豊かなミルクの風味に、ナッツやきのこのようなニュアンス、心地よい苦みがある。通年製造されるが、6～10月製がベスト。地元では、ゆでたじゃがいもにあわせたり、コンテチーズを混ぜてフォンデュにする。

カンコワイヨット

とろりとしたペースト状の、塩気のきいたチーズ。IGP認証。チーズづくりの副産物である凝乳を湯せんであたため、圧さくして得られる「メトン」を発酵させ、塩水とバターと混ぜあわせてつくる。そのままくって食べたり、パンに塗ったり、ドレッシングがわりにサラダにかけたり、にんにくやクミン、ヴァン・ジョーヌで風味づけしてソースにしたり、卵料理と組みあわせることも。

世界遺産でつくるおいしいチーズ

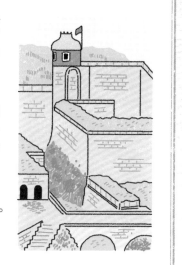

この地のチーズは、冬のあいだ雪に閉じこめられても長期間保存できるように大きい。500lもの牛乳を必要とするため、「フリュイティエール」という協同組合システムが発達し、村々からミルクを集め、毎日数個ずつチーズをつくる。これを約20人の熟成士で管理するが、熟成庫には、ルイ14世につかえたセバスティアン・ル・プレストル・ド・ヴォーバン設計の防衛施設群（世界遺産！）を利用。一定の温度に保たれた広大な地下室が、チーズづくりに最適なのだ。

アイオリソース
にんにくやオリーブオイル、卵黄などを混ぜ、マヨネーズと同じように乳化させてつくる南仏発祥ソース。

アトレット
リ・ド・ヴォー（P69）や肝臓を鉄の串に刺して焼いたもの。

アペリティフ
食事の前に飲むお酒。

アロマ
香味成分。

アントルメ
中世では長い宴会で料理がだされるあいだの余興を指していたが、いつしか軽い料理や甘いものを意味するようになり、現在では甘いデザートをいう。

アントレ
前菜。

ヴェリーヌ
小さなガラスの器に入ったオードブル。

ヴォー・マリネ・フリ
マリネした仔牛のフライ。

ヴルーテ
ルーやクリームでとろみをつけたソース。

エクルヴィスバター
エクルヴィス（P66）のフォンを煮詰め、常温に戻してなめらかにしたバターと混ぜあわせ、冷やしかためたもの。

エシャロットソース
エシャロット（P105）をバターで炒め、白ワイン、フォン・ド・ヴォー、生クリームなどを混ぜあわせて仕上げたソース。

エスカルゴバター
きざんだにんにくとエシャロット（P105）、パセリを、常温に戻してなめらかにしたバターに混ぜあわせたもの。

ガランティーヌ
家禽に、ひき肉を香辛料などで味づけしたものを詰めて加熱したもの。

カリソン
プロヴァンスのエクス＝アン＝プロヴァンスのアーモンド風味の伝統菓子。

ガルニチュール
つけあわせ。

ガレット
そば粉と水と塩を混ぜ、薄く円状に焼くブルターニュ発祥のそば粉のクレープ。または円状に生地を焼いた料理。

キッシュ
とき卵とクリームに具材を加え、パイ生地に流しこんで焼いた惣菜パイ。

キャラメリゼ
砂糖や水あめを熱し、料理やお菓子にこげ色をつけたり、香ばしくしたりすること。

クスクス
2mm前後の極小パスタ。または、これを野菜や肉、魚介と煮こんだ料理。北アフリカから中東にかけての地域でよく食べられている。

クネル
肉や魚をすりつぶし、小麦粉や卵、牛乳などと混ぜ、円筒形に整えた料理。

グラサージュ
砂糖でつくったかたい膜。糖衣。

グラン・クリュ
ワインの品質等級において「特級」を意味する。またそれに値するワインを指す。

クーリ
野菜やフルーツをピュレ状に裏ごしてつくるソース。

グリエ
網や鉄板、グリルパンで食材を焼くこと。そのように調理した料理。

クール・ブイヨン
水や白ワイン、香味野菜、香辛料などを煮立てた、おもに魚介類をゆるく煮汁。スープやソースのベースにつかうことも。

クレーム・シブースト
カスタードとイタリアンメレンゲを混ぜたクリーム。

クレーム・フリット
クリーム状の揚げたお菓子。

クレーム・ムスリーヌ
カスタードクリームとバターを混ぜたクリーム。

クロック・ムッシュ
ハムやチーズ、ソース・ベシャメルをはさんだパンをバターで焼いたホットサンド。

ココット
円形やだ円形の器や型。

コック・オ・ヴァン
鶏もも肉とベーコン、マッシュルーム、玉ねぎを赤ワインで煮こみ、黒こしょうをきかせたブルゴーニュの郷土料理。

コンフィ
低温の油でじっくりと煮た料理。

コンポート
フルーツを水やシロップ、ワインなどで煮たもの。

ジゴ・ダニョー
仔羊のもも肉をローストした料理。

シャルキュトリー
加工肉製品。

ジュ
加熱することによってでる汁。肉汁、だし汁、焼き汁、煮汁といった濃縮エキス。

スペシャリテ
シェフが得意とする料理や、店の歴史ある料理。

すましバター
バターをとかして水分や固形分をとりのぞいたもの。

ソース・アメリケーヌ
炒めたオマールエビ（P52）の殻に、きざんだ玉ねぎとエシャロット（P105）、にんにくやパセリなどの香味野菜、トマトを加え、白ワインとコニャック（P65）をそそいで煮詰め、エビのコライユ（みそと生殖巣）でつないだソース。

ソース・エスパニョール
エスパニョールソース。小麦粉を褐色に炒めたルーに肉のだし汁、トマト、牛すね肉、シャンピニオンを加えて長時間煮だしたソース。半分ぐらいの量まで煮詰めると、ドゥミグラスソースになる。

ソース・オランデーズ
オランデーズソース。バター、レモン果汁、卵黄を混ぜて乳化させ、塩と黒こしょうで味を調えたソース。

ソース・ナンチュア
ナンチュアソース。フォン・ブランにエクルヴィス（P66）の身またはエクルヴィスバターを加えて煮詰め、カイエンヌペッパー、生クリームを混ぜたソース。

ソース・ベアルネーズ
ベアルネーズソース。すましバターとエストラゴン、エシャロット（P105）、卵黄、セルフィーユ、酢を煮詰めたソース。

ソース・ベシャメル
ベシャメルソース。ルーを牛乳でといて煮詰めたソース。

ソース・ムスリーヌ
ソース・オランデーズに泡立てた卵白または生クリームを混ぜたソース。

ソース・ルイユ
ブイヤベースにかける、オリーブオイルと唐辛子やカイエンペッパー、サフラン、パンなどをすり混ぜたソース。

ソテー
油脂をつかい、フライパンや鍋で焼いたり炒めたりすること。

ソルベ
シャーベット。

タプナード
刻んだオリーブににんにくやアンチョビ、ケッパーなどを混ぜてつくる、南仏発祥のペースト。

タルタル
生の肉や魚介を細かく刻み、調味料で味つけしたもの。

タルティーヌ
スライスしたバゲットにジャムやバターを塗ったもの。または具材をのせたオープンサンド。

デュクセル
マッシュルーム、エシャロット（P105）、玉ねぎをみじん切りにし、バターでこがさないように弱火で炒めたもの。

トゥルト
パイ包み焼き。

トリモレット
ジビエ（P84）料理。

ナヴァラン
煮こみ料理。

ヌガー
砂糖やはちみつを煮詰め、くだいたアーモンドやくるみを加えてつくる砂糖菓子。

パテ
肉や魚、フルーツなどの材料をパイ生地や深い器に詰めて焼いた料理。

バロティーヌ
牛、羊、豚、鳥の骨をぬき、包むように巻いたり、詰めものをした料理。

パン・ド・カンパーニュ
「田舎パン」ともいわれる食事パン。小麦粉やライ麦などからつくられ、やや酸味がある。

ビスク
オマールエビ（P52）、ラングスティーヌ（P52）、カニなどの甲殻類でとったブイヨンを煮詰め、生クリームとバターを混ぜあわせてつくるクリーミーなスープ。

ピペラード
トマトやピーマン、にんにく、玉ねぎをオリーブオイルで炒めたあと、エスプレット唐辛子（P79）を加えて煮たバスクの料理。

ピュレ
野菜やフルーツを生のままあるいは加熱後、ミキサーですりつぶし、裏ごししたもの。

ファルシ／ファルス
詰めもの。詰めものをした料理。

ブイヨン
肉と香味野菜、ブーケ・ガルニ（P104）を弱火で3〜4時間煮てとっただし汁。

フィレ
ヒレ肉または鶏のささ身、魚のおろした切り身。

フォン
ブイヨンより濃厚なだし汁。

フォンダン
糖衣。

フォンデュ
白ワインで煮とかしたチーズを、パンや具材にからませて食べる鍋料理。またはフォークに刺した肉を油で揚げながら食べる鍋料理。

フォン・ド・ヴォー
仔牛のだし汁。

フォン・ブラン
ソース・ベシャメルやヴルーテに、仔牛の血ぬきをした骨をミルポワやブーケ・ガルニ（P104）を加えて長時間煮こんだ白いだし汁。

ププトン
仔羊とパン、卵でつくった詰めものを焼いたハトに詰めて蒸し煮にした料理。

フランベ
調理の最後にブランデーやラム酒、ウイスキーなどアルコール度数の高いお酒をかけ、一気にアルコール分を飛ばすこと。

ブラン・マンジェ
牛乳、砂糖、生クリームを混ぜ、アーモンドで風味づけし、ゼラチンでかためた冷たいデザート。

ブリオッシュ
バターと卵をたっぷりつかった菓子パン。

フリカッセ
玉ねぎなどの野菜をバターで炒めたあと、鶏肉や仔牛肉、仔羊肉などを生クリームで煮こんだ料理。

フリカンドー
仔牛のもも肉をブレゼまたはポワレしたもの。また、マグロやサーモンの赤身をブレゼしたステーキや、ひき肉や玉ねぎ、パン粉、卵を混ぜ、かまぼこ形にして焼いたものも指す。

フリット／フリール
揚げたもの。揚げること。

ブルエ
すんだスープ。

ブール・ノワゼット
ヘーゼルナッツの色のようにバターをこがしたもの。

ブール・ノワール
ブール・ノワゼットより濃く暗い褐色になるまでバターをこがし、レモン果汁またはヴィネガーを加えたもの。

ブール・ブラン
エシャロット（P105）とヴィネガーを煮詰め、バターを混ぜて乳化させたもの。

ブレゼ
蒸し煮にすること。

ペルシヤード
ハーブとパン粉を混ぜあわせたもの。これをのせて焼いた料理のこと。

ポシェ
ゆでること。

ポトフ
骨つきの牛肉などを野菜と一緒に煮こんだ料理。

ポワレ
肉や魚を香ばしく焼くこと。

マジパン
アーモンドパウダーと砂糖をねりあわせたお菓子。

マトロート
魚を赤ワインで煮こんだ料理。

マリニエール
魚介を白ワインで煮こんだ料理。

マリネ
肉や魚、野菜を、酢やレモン果汁などからつくった漬け汁にひたすこと。ひたしたもの。

ミ・キュイ
火を半分とおすこと。半生。

ミヌ゠ドロワ
牛や鹿の口蓋内の煮こみ。

ミルポワ
香味野菜をさいの目に切り、バターなどの油脂でこげないように弱火で長時間炒めたもの。

ムチシャン
牛乳ベースのハーブ風味のソース。

メートル・ドテル・バター
きざんだパセリとレモン果汁を、常温に戻してなめらかにしたバターに混ぜあわせたもの。

ラグー
煮こみ。煮こんだ料理。

ルー
小麦粉をバターで炒めたもの。

レーシュ
ひも状にカットした肉。

レムラードソース
香草とマスタードをきかせたマヨネーズソース。

ロ
肉や魚を火であぶった料理。

ロゼ
仔羊や鴨、ジビエを、肉に火は入っているものの、肉のなかに血がたまっている状態に焼くこと。

ロティ
高熱で焼くこと。

ロ・ドゥ・ビフ
羊の後ろ半身。

ワカモレ
つぶしたアボカドに、刻んだ唐辛子やトマト、玉ねぎを加え、塩やライムなどで味を調えたメキシコ発祥のディップ。

参考文献

『お菓子でたどるフランス史（岩波ジュニア新書）』池上俊一 著、岩波書店

『大人のためのワイン絵本』ファニー・ダリュセック 著、奥山久美子 監修、ダコスタ吉村花子 翻訳、日本文芸社

『児島速人CWEワインの教本2019年版』児島速人 著、イカロス出版

『知っておいしいチーズ事典』本間るみ子 著、実業之日本社

『ジビエレシピ プロのためのジビエ料理と狩猟鳥獣』ブルーノ・ドゥーセ 著、小宮輝之、山口杉朗 監修、
柴田里芽 翻訳、グラフィック社

『ジョエル・ロブションのすべて』ジョエル・ロブション 著、シャトーレストラン ジョエル・ロブション 監修、
勅使河原加奈子 翻訳、武田ランダムハウスジャパン

『チーズの選び方楽しみ方 厳選チーズカタログ113種』本間るみ子 著、主婦の友社

『チーズの教本2019「チーズプロフェッショナル」のための教科書』NPO法人チーズプロフェッショナル協会 著、小学館クリエイティブ

『美食の歴史（「知の再発見」双書）』アントニー・ローリー 著、池上俊一 監修、富樫瓔子 翻訳、創元社

『105のテーマから学ぶ ビギナーズワイン』セバスチャン・デュラン＝ヴィエル 著、奥山久美子 監修、柴田里芽 翻訳、グラフィック社

『フランス食の事典』日仏料理協会 編集、白水社

『フランス料理の歴史（角川ソフィア文庫）』ジャン＝ピエール・プーラン、エドモン・ネランク 著、山内秀文 翻訳・解説、KADOKAWA

『フランス料理は進化する（文春新書）』宇田川悟 著、文藝春秋

『フランス料理仏和辞典』伊東眞澄 編集、ジパング

『プロのためのわかりやすいフランス料理』水野邦昭 著、柴田書店

『よくわかるフランス料理の歴史』エドモン・ネランク、ジャン＝ピエール・プーラン 著、大阪あべの辻調理師専門学校、
辻静雄料理教育研究所 監訳、藤井達巳、藤原 節 翻訳、同朋舎出版

『ワイン完全ガイド』君嶋哲至 著、池田書店

Atlas de la France Gourmande, Albin Michel
Atlas gastronomique de la France, Jean-Robert Pitte, Armand Colin
Dictionnaire de la gourmandise, Annie Perrier-Robert, Bouquins
Dictionnaire Universel du pain, Jean-Philippe de Tonnac, Bouquins
Encyclopédie Gourmande France, André Dominé, ULLMANN
Fête, coutumes et gâteaux, Nicole Vielfaure, Anne-Christine Beauviala, Bonneton
Gibier: Recettes, histoire, modes de chasses et anecdotes, Bruno Doucet, MARTINIERE BL
Inventaire du patrimoine culinaire de la France : Alsace, Auvergne, Bourgogne, Bretagne, Languedoc-Roussillon,
Poitou-Charentes, Rhône-Alpes, Lorraine, Normandie, Albin Michel
Le grand Larousse gastronomique, présidé par Joël Robuchon Comité gastronomique, Larousse
Le guide culinaire, Auguste Escoffier, FLAMMARION
On va déguster France, François-Régis Gaudry, Marabout
On va déguster : la France, François-Régis Gaudry, Marabout
On va déguster Paris : L'encyclopéguide qui dévore la capitale à pleines dents, François-Régis Gaudry. Marabout
Pour le pain, Steven L. Kaplan. Fayard
Tout Robuchon, Joël Robuchon, Scriptum
Traité de pâtisserie moderne : Guide du pâtissier-traiteur, Émile Darenne, Émile Duval, Pierre Paillon, Maurice
Leduby, Henri Raimbault, FLAMMARION
Cuisine des province de France, Pierre Bordas & Fils

名言引用
本書に記載したフランス語の名言は以下より引用・参照しました。LE FIGARO.fr (https://www.lefigaro.fr)、L'Express de
Madagascar (https://www.lexpress.mg)、Le Parisien.fr (https://www.leparisien.fr)。「君が食べたものを言ってみたまえ。
君がどんな人物かあててみよう」(P39)。

山口杉朗

武蔵野調理師専門学校を卒業後、ディズニーシー・ホテルミラコスタにてフランス料理の基礎を学び、22歳で渡仏。トゥールーズ、リヨン、パリのレストランにて経験を積みながら、フランス各地の料理と文化を学ぶ。生産者との関わりも強く、食材から料理まで造詣が深い。セロリレムラードをはじめ、数々の料理コンクールにて入賞するなど、フランス料理の真髄を反映した料理は高い評価を得ている。監修書に『ジビエレシピ プロのためのジビエ料理と狩猟鳥獣』（グラフィック社）がある。

スタッフ

監修	山口杉朗
デザイン	中山詳子、渡部敦人（松本中山事務所）
イラスト	德丸ゆう
地図製作	もぐらぽけっと
校正	別府由紀子
テキスト・編集	フランス料理図鑑編集部

歴史、食材、調理法、郷土料理まで
フランス料理図鑑

2024年 6 月20日　第1刷発行
2024年10月10日　第2刷発行

監修者　山口杉朗
発行者　竹村響
印刷所　TOPPANクロレ株式会社
製本所　TOPPANクロレ株式会社
発行所　株式会社日本文芸社
　　　　〒100-0003 東京都千代田区一ツ橋1-1-1 パレスサイドビル8F

Printed in Japan 112240611-112240926 Ⓝ02 (250052)
ISBN978-4-537-22213-5
URL https://www.nihonbungeisha.co.jp/
©2024 Nihonbungeisha